働く女性のためのストレスマネジメント

happiness
家で始める心の健康

ISK経営塾塾頭／経営コンサルタント
ゼントレプレナー（Zentrepreneur）
飯塚 保人 著

はじめに

この本を手にとったあなたは働く女性でしょうか。「禅」に興味を持っていらっしゃる方でしょうか。それとも、「happiness という言葉が気になった」または「ピンクの表紙が目に留まった」のかもしれません。手に取り、開いてくださったことに感謝します。

この本は、３０００社以上の企業に「禅」の考え方を元にコンサルティングをしてきた私が、働く女性に向けて書きました。仕事だけでなく、プライベートも美しく、元気に幸福に過ごせるようにと、「禅」の考え方を元にアドバイスすることをコンセプトにしています。

平成から令和に変わり、時代がより「調和」に向かっています。だからこそ「個」の時代とも言えます。会社に支配される、その他大勢ではなく、個々の自分の存在を大事に、会社も大事にできる人が成功します。

はじめに

働き方改革により、働く時間が制限されたり、人が減ってしまったり、労働環境が変化しています。経営者は、今までのやり方を変えていくことを余儀なくされ、柔軟な対応が求められています。例えば、Ｕｂｅｒは、車を持たないタクシー会社です。インド不動産会社のＯＹＯは、全世界で展開していますが、不動産を持たない不動産業です。

個を持ちながら、時代の流れを気にする、世の中に合わせる。そのためには漠然とではなく、確固たる信念、具体的目標を持つことが大事です。女性が男性と共に、同等に働くようになって久しくもありますが、男女差や人間関係の問題は常にあります。

今の社会は男性優位のように思われるかもしれません。しかし、私が多くの人に会ってきて、女性の方が伸びると感じたことはたくさんあります。特に40代までは、短期的には女性の方が優秀と感じることも多くあります。

どちらが良い悪いというわけではありません。それぞれの役割があり、それぞれが良いところを活かしていけば良いのです。男女の区分けではなく「個」ありきです。組織に所属していたとしても、フリーランスであったとしても、在宅ワークであっても、フリーター的な働き方をしていても、あなたはあなたでしかありません。主体性、自主性をもって、人と比べることなく、自分らしく生きることです。

【両忘】という、禅の言葉があります。
これは比べることを忘れるという意味です。

赤ちゃんは、いつでもにこにこ笑っています。比べていないから、自分が楽しければ笑うだけです。比べる必要がないからです。成長するにつれ、周りを見始めると他人と自分の違いを見つけ、比較し始める。そして落ち込んだり、悩んだりします。自分の人生は自分で決めること。主体性、自主性が大事なのです。

その時「禅」は、とても役に立ちます。

難しくありません。坐禅をすること。毎日少しでも座る時間を持つことを勧めます。働いていると時間がない、という人がいます。一日は24時間、時間はみな同じです。つまり、時間は、量的には平等、質的には不平等です。少し段取りをよくすれば、24時間のうち5分の坐禅の時間は持てます。

私は、一日に20分坐禅の時間を創っています。早起きしてはいけないなんて、決まりはありません。電車の移動中に、坐禅することだってできます。固定概念を持ち過ぎない。少しでもいいからやると決めて、行動することが大切です。

自分に矢印を向けるために「禅」の考え方、「禅的」な生き方を、これから具体的な例をあげながら、お伝えしようと思います。

令和二年三月吉日

飯塚　保人

第四章 家庭の悩み

目次

禅 happiness
～家で始める心の健康～

第五章　健康の悩み

第六章　人生の生き方の悩み

終章　禅を活かす

序章

まずは、私がどんな人物であるのか、「禅」との出会いについて少しお話しさせてください。

私は東京の浅草で生まれて幼少期を過ごした後、小学校の高学年から山の手、今の吉祥寺へ引っ越しました。

そこで、まず自分に転機が訪れました。生まれた街と吉祥寺という街では、使う言葉さえも違いました。新しい友達ができるのを楽しみにして転校したはずが、文化の違いを感じました。

優秀な姉と比べ、勉強も大してできるわけでもありません。姉と自分は違う。親から与えられる人生も違う。ならば、自分らしく生きると決めました。苦労しましたが、親の期待から解放されて自由になれた感覚がありました。

大学に入り、在学中に会社を設立しました。ＯＡ機器の販売をする会社です。高度経済成長期にこれがうまくいって、従業員１００人を超える会社になりました。

しかし、ある時、ふと感じました。このままでいいのか、何か違うんじゃないかと——。収入はそこそこあります。でも、これは時代のおかげであって、自分の実力ではないのではないか。

そんな漠然とした疑問を持ちながら過ごしていた時に、ダイヤモンド社で行われていた私の師匠である田里亦無《たざとやくむ》先生のお話を聴く機会がありました。そのお話の具体的な内容は覚えていませんが、自分はエゴを追求しており、本来の経営をしていないと気づかされ、感銘を受けました。それを手紙にしたためて、先生に送ったところから、私は先生の住む鎌倉に通うことになりました。

でも先生は何も教えてくれなかったのです。正確には、当時はそう感じた自分がいたということですが——。

❖鎌倉にて

先生のところに行くと、ただ散歩をします。夕陽を眺めたり、花を愛でたりしながら、散歩をして「夕陽がきれいですね」と話をする。最初の一年はただそれだけでした。

「禅」について、何かを教えてもらえると思っていたのに、ただひたすら散歩をする。でも、私もその時間に心がほぐれていくのはわかっていました。

ようやく一年経った頃「坐禅」を始めることになりました。そこで座り続けて、気づいたのです。先生は散歩をすることで、「目の前のこと、今ここを一所懸命に生きること」を教えてくださっていたのだということに――。

坐禅は、自己を忘れ、目の前のことをただ感じる、今を生きる訓練なのです。散歩をすることで、先生はそれを自ずと教えてくださっていたのでした。

こうして出会った「禅」によって、私の思考や行動は調っていきました。今を生きることに集中すると、悩むことがなくなり、経営コンサルタントとしても力を発揮できるようになったのです。

❖女性に向けて

この本は、主に女性に向けて書いています。男性と違った魅力をもつ女性。私は女性には特に、美しく、自分らしく輝いて生きて欲しいと思っています。

もし、あなたが今、「働くことで悩んでいる」「家庭の問題で困っている」「頑張っても上手くいかない」「生きることが辛い」など、解決できない様々な悩みや苦しみを抱えているのであれば、是非、禅的な考え方を実践することをお勧めします。

日本の伝統文化は「禅」の思想が土台になっており、私たち日本人の生活に「禅」は息づいています。あなたが禅的な考え方を実行することで、自分を調え、悩みを解決する思考を持つことができるのです。

❖代表的な悩み

私がたくさんの企業のコンサルティングをする中で出会った女性たちの悩みで代表的で多いものは次のような内容です。

1. 人間関係の悩み
2. お金の悩み
3. 資格や立場の悩み
4. 家庭の悩み

5. 健康の悩み
6. 人生の生き方の悩み

これは男性もあまり変わらない悩みです。特に女性に関してはこれらを複雑に絡めてしまっていることが多いのです。

これらの悩みを解く鍵が「禅」の考え方にあります。つまり、自分自身の壁を乗り越えられるヒントがいっぱいあるのです。

第一章
人間関係の悩み

人は一人では生きられません。特に仕事をしていれば、何かしらの人間関係の中で働くことになり、悩みが生まれやすくなるでしょう。

人の悩みで一番多いのが、人間関係です。女性は特に、パワハラやセクハラというような、昔からの力関係の悩みが目立ちます。そんな時にも、禅の考え方、禅的な在り方を知っていれば、その圧力に屈しない、無駄に戦うこともしないように生きることができます。

この章では、仕事や会社における人間関係について、人との関わり方、どう在れば良いか、具体的な事例をあげてお伝えしていきます。

Case ①

どちらが得なのか

―居心地の悪さ―

《質問》
社内で複数の派閥があり、どちらを立てても立てなくても、とても居心地が悪く、職場の雰囲気も決して良いとは言えません。どうすれば良いのでしょう。

《回答》

どんな組織にも派閥はあります。ここで大切なのは、人のことを気にしないことです。

組織の中にいる時に「人」を中心に考えると、どっちの派閥だとかグループだとか、上司がどうだとかが気になります。そうではなくて、「仕事」を中心に考えることです。

仕事という文字は、事に仕えるという意味です。そのままやれば良いのです。人を気にしないで、本当の「仕事」を気にすることが大切です。目の前に集中すること。今ここの仕事に集中して取り組むこと。自分がその仕事に集中することです。

それが会社の役に立つことがわかります。派閥を作っている人たちも、そのあなたの姿をみて、派閥を気にせずに仕事に集中するかもしれません。

❖坐禅のすすめ

坐禅をすると「人」が気にならなくなります。なぜか？

自分の呼吸に集中して、息をゆっくりと吐き出していく。半眼で周りをみることなく、息だけをする。すると、自分自身が空っぽになり、物理的に周りを気にしない体を体感します。

悩みというのは、相手を気にしたり、顔色を伺うから出てくるものなのです。

気にしない体質を少しずつつくることができるのが【坐禅】なのです。

気にしない体質をつくる―体で覚えるしかありません。そうすれば、自分自身を忘れることで、自ずと自分の考え方や意見が明確になります。個としての存在も際立ってくるでしょう。

こだわらなければブレない自分の軸ができて、今何が大切かを認識できるようになります。すると「人」を気にしている暇などないと気づくでしょう。派閥や、どちらの顔を大事にすることでなく、どこに向かって「事」を済ませるかに集中できます。

居心地の良し悪しは、自分でつくるのです。自分の場所は自分で決める。それは、組織の中だからこそ、鍛えられるものです。大いにその時間を活用して、自分の軸を作っていけば良いと思います。

あなたが敵ではないとわかれば、周りの見方も自然と変わってくるかもしれません。同じ組織の中で、競争しても仕方ないことに気づくと、大きな目標に向かって、一丸となって進める体制になってくるはずです。

あなたの心の持ち方を変えると、結果的に会社全体の在り方が変わります。

Case ②

コミュニケーションに限界はない

―コンプライアンスと部下との関係―

《質問》

課長をしています。部下との面談をする際、コンプライアンス規定があり、それを気にしていると、なかなか突っ込んだ話ができません。詳しく訊くことが目的のはずの面談に、逆にすごく気を使ってしまいます。コミュニケーションの難しさに悩んでいます。

《回答》

まずは日ごろのコミュニケーションが大切です。

面談の場だけがコミュニケーションではありません。生きていて、人と人が居れば、コミュニケーションをせざるを得ません。ならば、それを大いに活用することです。面談という形にとらわれることなく、お茶を飲んだり、ちょっと食事したり、部下とのコミュニケーションはとても大事なのです。

しかし、無理してご飯を食べに行くこともないし、飲み会を開く必要もありません。毎日の朝の挨拶から、人間関係をつくることです。毎日毎日、会社で自然と会うわけですから毎日挨拶していると、ちょっとした変化に気づいて悩みのフォローも自然にできます。瞬間瞬間を大事にしていると、目の前の人に気づけるのです。

部下は自分の鏡です。元気がないと感じたら自分が元気がなかったかもと気づけることにもなります。

近親距離を保つことができると、自ずからパワハラもなくなります。何か指摘することが、コンプライアンスに引っかかるのではないかと気にすることもこだわりです。

❖多面的に捉えること

総合的に物事を考えるクセをつけましょう。一点だけをとらえてしまうと、人間どうしてもギクシャクしてしまいます。いろんな方面から考えた方が良いのです。

例えば、日ごろからの愛を持つことです。人間は期待されていると感じると応えてくれます。成長を望むと、それを感じて頑張れるものです。自分を見てくれているという安心を与える。それが日ごろからの愛です。

「個人に対して、どう思われるのだろう」という小さなことにとらわれ、また、「会社からどう思われるだろう」と気にし過ぎてはいけません。

目の前の人に、しっかり愛情をもって接することができるということは、自分に信頼と自信があればこそです。

あなたが腹を括って、自分の言動に責任をもち、相手に愛情をもって接することができれば、周りのことも気にならないはずです。

あなたが課長さんであるならば、もう少し多く、「視点」「観点」「測点」を変えて、いろんな面から部下の行動を見ることができれば幅が出ます。

まず、自分の考え方を忘れ、相手の気持ちに寄り添い、会社全体の向かう場所を見定めていきましょう。自分の立場と役割を多く捉えることができるようになることも大切なリーダーシップの一つです。

❖簡単にできること（3つの行動）

人間関係で悩んだり行き詰まった時、日常的に、簡単にできることを挙げてみましょう。

①姿勢を正すこと

勇気が出ます。姿勢を正すと、背骨や頭の位置が、本来あるべき場所に納まります。足はしっかりと地面を踏み、地に足がついていると、大地と宇宙とつながって、軸ができるので勇気が出ます。

② 大股で歩くこと

元気になります。大きく体を動かすには、呼吸も大きくするし、筋肉もたくさん使います。大股で歩くと、視線が上がり目は遠くを見ることになります。体の細胞をたくさん動かせば、自然と活き活きとして元気になります。

③ 大きな声を出すこと

エネルギーが出ます。大きな声を出すと、丹田に自然と力が入ります。体に響き、その共鳴が体の細胞を揺らして、力が湧いてきます。

禅コラム◉其の壱

只管打坐（しかんたざ）

只管とは、ただひたすらという意味です。つまり、この言葉は悟りや結果を求めるのではなく、ただひたすらに座ること。

まず坐禅をする。ゆっくり長く息を吐く。ロングブレスをする──自分の中を、息と共に空っぽにする。息を吐くことに集中すると、負の感情や余計な考えが出ていきます。スポイトをイメージしてください。中を空っぽにすると、その空間にすっと入ってきます。

そこに新しいもの、創造性や価値観が出てきます。

「いま・ここ」に全力投球できる体質をつくることができると

・過去にこだわりをもたない

・周りが気にならない

・今ここに集中して一所懸命になれる

のです。それが、目の前のことにただひたすらに取り組む姿勢となり、仕事への集中に繋がります。

只管とは三昧とも言い換えられます。○○三昧、っていいことなのです。仕事三昧、読書三昧、道楽三昧―。

夢中になっていることですから自然と一所懸命になって、全力投球できている。好きこそものの上手なれ、夢中になっていると、好きになる。好きになって一所懸命に取り組んでいると、仕事も楽しくなる。楽しいと、どんどんやって、結果も出る。すると、仕事がもっと上手くいく―。

このスパイラルをつくるためにも、夢中になれる姿勢をつくることが大切です。

例えば、只管散歩、散歩三昧も良いですね。意味を頭で考えるのではなく、ただひたすら散歩をすることです。

只管ができるようになると、すべてがそこにある―比べない世界に居ることができます。

世界を大きく捉えられ、次のステージにいくことができます。

何も言わずに、夢中になって目の前のことに取り組める体質のために、只管打坐することです。

第二章

お金の悩み

生きていく上で、大切なものの一つがお金です。貨幣経済の中では、最低限のお金がないと、生きていくことはできません。お金の問題は、男女、年代問わず多くある身近な悩みの一つです。

お金はないより、あった方が良いです。気持ちの余裕が生まれます。どのようにお金と付き合うのか。お金について学校では教えてくれないので、日本人は大人になってから、急にお金の悩みを抱えます。

自分のテーマを決めて、人生をどう過ごすかを決められると、必要なお金がどのくらいか、どのようにお金を扱えば良いのかも決まってきます。

私欲に振り回されずに、お金に使われるのではなく、お金を使えるようになると良いですね。

この章では、お金についての悩みを具体的に挙げて、お金との付き合い方を考えていきます。

Case ③

努力の割には給料をもらえない
―ボーナスはあきらめた―

《質問》

営業をしています。成績によってボーナスの額が変わります。それだけなら頑張り甲斐があるのですが、その条件が厳しすぎてボーナスを貰えるのは僅かな人だけです。そして、新人の時と給料がほとんど変わらず、仕事のやる気が出ません。

《回答》

自分がどうしたいかです。

誰かと比べて、自分ができないとかできるとかではなくて、自分がどうなりたいかを考えてみましょう。

具体的にいうと、

いくら稼ぎたいかを決めることです。

驚くかもしれませんが、お給料というのは、受け身で待っていてもダメです。自分で稼ぎたいと明確にしないと変わらないのです。

例えば、今の年収４００万を８００万の年収にしたいと決める。

そう決めれば、分かりやすくなります。４００万から８００万なら、単純には倍やればいいのです。仕事の量と質を倍やるのです。

時間が限られている中で、倍やろうとしたら、無駄なことをしなくなります。つまり人のことを気にしている時間がなくなります。また、眠らないわけにはいかないと思えば、やり方を工夫することにも繋がります。

ここで気をつけなければいけないのは、収入は後から付いてくるということです。今月努力したから、急に来月に給料が増えるかというと、そんなことはありません。増えないその時に、ダメって思わずに続けること。結果は必ず後から付いてきます。

今、努力する。そうしないと永遠に付いてくることはありません。

❖自由自在

私がコンサルタントとして何千人と指導する中で「あなたはいくら稼ぎたいのですか」と必ずお聞きします。そして、多くの方々の人生はその通りになっていきます。目標を決めて、やり方を変えるからです。

因果応報、過去の行動が今の給料になっています。今、目の前にあることは、あなたの過去の行動の結果なのです。その会社に入ったということは、その給料で良いと自分が決めたことなのです。

もっと給料を上げたいと思ったら、まず、自分で稼ごうとすること。給料をもらうのではなく、報酬を獲るという考え方です。会社という組織に所属して、給料で働くサラリーマンがベースになっている考え方だと驚くことかもしれません。

そして、会社にこだわらない。自分の努力が認められるところに働く場所を変えた方が良いかもしれません。

会社を選ぶことも自由自在。

自分が一所懸命に生きることができることを、自分で決めて選んでいくことです。

もし、選んだ道に迷っても、また戻れば良いのです。迷いぱなしでどこかにいってしまったらダメですけどね。迷ってもまた元に戻れば良い。その繰り返し。それで人間は成長するのです。

先に起こることを心配しない。悩んで立ち止まらない。今までと違う行動を起こせば、必ず違うことが起こってきます。自分の人生は、自分で決めればいいのです。

Case ④ お金との付き合い方

―お金の価値と人生―

《質問》

貯金も少なく、老後や働けなくなった時のことを考えると、とても不安になります。かといって、今の給料ではなかなか貯金ができる余裕もありません。

《回答》

あなたの人生において、お金がどういう役割をしているのか考えてみたことはありますか？　そもそも、お金とはなんでしょう。「お金」の本質を知っているかどうかが重要です。

その昔、物々交換で生活は成り立っていました。魚を獲る人がいる、野菜をつくる人がいる。お互いに必要なものを、自分のもっているものと交換する。それによって、生活が営まれていた。同じものを持っていたら交換の必要はなく、、物の交換ができなければ、手にしているものだけで生活するしかありませんでした。

それが、「お金」と「もの」の交換になった時に、単なるもののやりとりではなく、価値のやりとりに変わったわけです。

お金を使うことは価値を手に入れることになります。おそらくほとんどの人は、ここにある一万円、お金＝紙幣そのものが一万円するとは思っていないわけです。でも、一万円という価値があるものとして、一万円の何かと交換できるというわけです。

「もの」だけではなく、体験、経験、移動手段などといった、形にならないものとも交換できるようになったのです。住む場所、食べるもの、着るもの、移動手段…。実に様々なものを、お金と引き換えに手に入れていることがわかります。

では、その手に入れているものが、本当に必要なものなのか、欲しているものかどうかを考えたことはありますか。

生活を営んでいれば、最低限のお金は必要です。その根底の生活を揺るがさないお金があるとしたら、なぜ欲しいのかを整理してみることをお勧めします。

ストレス発散のために高価な物をいつでも買えるためのお金が貯金だとしたら、ストレスが自分にはあるという前提となります。

そうではありません。

住む場所があり、食べるものがあり、着る服があること。そして、元気に生きていることに、まず感謝の気持ちをもつ。すると、貯金がないことへの不安は少なくなることでしょう。貯金は、今は使っていないお金です。使っていないということは、必要ではないといえます。だから、なんのための貯金なのかを、明確にすることです。

それが、「自分がどう生きたいか」に繋がります。どのような人生にしたいのかを具体的にもつ。「何をしたいのか」「そこに辿りつくためには何をすれば良いのか」がわかります。

❖何が欲しいのか

あなたが人生で達成したいこと。それが叶った時のことを想像してみてください。どんなことでも構いませんが、あなたがそこで手に入れたいことは、そこで生まれてくる喜びの感情です。感情を味わいたいのです。それが価値です。

そして、それは今も感じることができるわけです。少し想像してみてください。あなたの描く人生の目標の一つが、うまくいった時、あなたの周りにはどんな人がいて、どのようなものが目の前に見えているでしょう。

想像できましたか。

当然、健康であり、かつ楽しく、満たされた気持ちや幸せを感じる体になったのではないかと思います。それが、あなたの欲しいものです。その感情を味わうには、お金は必要ではないかもしれません。「お金があれば何でもできるわけではない」ことを知ることも大事です。

体の気の流れがよければ、悩みごとがストレスとして溜まりません。すっと体から流れていきます。

エネルギーの流れが滞らないようにしましょう。

息を吐くことがいいのです。

身を調え、息を調え、心を調える。穏やかでありながらも力が充ちている状態になり、幸せと感じられる体になります。そこで、ようやく「ではどうしたいのか」と問いかけてみましょう。

目標や未来の姿に向かって行動する時に、どのくらいのお金が必要なのか。そこでやっと貯金が必要なのかに辿りつくのではないかと思います。今、必要がなければ貯金はなくても良いのです。

目標のために欲しいもの、体験があれば、そこを目標にして貯めることは大いに結構です。目標がはっきりしないで、ただ不安だから貯金するのはよくありません。役に立つお金を持つことです。

給料が安いと感じているなら、もっと高い給料を望むことです。自分で決めましょう。自分の人生に必要なお金は、自分にしかわかりません。なぜ安いと感じているのか、なんのために使いたいお金が欲しいのか…。

「私」という存在を輝かせるために、心を豊かにするために、何が欲しいから、このくらい必要だ。それがわかれば、どのくらいの給料をもらいたいと具体的になります。

そこで、今いる会社、やっている仕事が、望む金額を貰えないとわかったならば、やることは一つです。行動を変える、働く場所を変える、仕事の内容を変えることです。

変えなければ、今のままなのです。

また、「働けなくなったら困る」という不安よりも健康に生きることを一番にしましょう。お金があっても、健康でなければ意味がありません。ストレスを溜めて、病気になったら意味がありません。

不安、不満を埋めるためのお金ではなくて、より多くを生み出す、人の役に立つ自分になるために使うお金と意識を変えることです。貯金することが大事なのではなく、どうして貯金が必要なのかを考えることが大事なのです。

❖伝えるのに大事なこと

私が最初に本を出版しよう思ったのは、30代の前半でした。知識を増やし、経験を積めば、もっとよく書けるのではないだろうか、と考え過ぎて、出せないままに時が過ぎ、40代になってから本を出すことになりました。

本を出して分かったことは、結果があまり変わらなかったということです。30代の前半に出しても、40代になってから出しても、さほど相違ないと感じたのです。最初に出したいと思った時に出せばよかったのです。

私も、後悔のようなものを抱いたこともあります。そこで学んだことは「思いついたらまずやること」です。

例えば私の場合、本を出したいという思いを、ずっとどこかに抱えて過ごしていると、他のやりたいことへ力を全部使えなくなります。ぱっと出してやってしまえば、次の新しいことに取り組めます。その時間とエネルギーが出てきます。

思いついたやりたいことは、どんなことでもやってみましょう。

そこでイメージと違うことになってもいいのです。やってみないで、想像してばかりいても変化はありません。溜め込んでしまうという意味合いでは、ストレスや負の感情と同じように滞りを生み出し、動くことの負担になります。まず行動しましょう。

また、一人でやろうとするのではなく、周りに助けてもらうことも良いと思います。自分の思いを伝える時に、ただの自己主張にならない方法を、師匠から聴きました。

私が本を書きたいけれど、どうやって書いたら良いのだろうと相談した時のことです。

「ラブレターを書いたことがあるか」と尋ねられました。「ずいぶん昔のことになるけれど、書いたことはあります」と答えました。すると、「ではそのように書きなさい」とおっしゃいました。それだけです。

とてもシンプルですが、人に思いを伝えることの本質があります。ラブレターを書く、その行為は、好きな人に向けて思いを届けることです。それは、エゴをぶつけるのではないのです。「伝えたい」という気持ちを届けるには、相手の気持ちを慮って、失礼のないようにし、情熱をもって、丁寧に文字をしたためます。

こうした心持ちで、本を書けば、自分の思いが読者に伝わるということです。また、本ではなくても、誰かに話しをする時、例えばプレゼンだったり自己紹介だったりでも同じことです。

自分のやりたいことや希望を伝える時には、ラブレターを書く気持ちをもって発信することをお勧めします。

❖３つの大切なもの

人生において、３つの大切なものがあります。

いい師を持つこと

師匠、先生です。

これは身近な存在、尊敬する先生、また、歴史的な人物でも良いですね。

その人ならどうすると考えることで、行動が変わります。思考や行動をインプットする感覚や背中を観て学ぶことができます。

いい友を持つこと

どんな人と付き合うのかを大事にしましょう。

自分のエネルギーを下げる人とは、一緒にいない方が良いです。プラスのエネルギーを持って、場を明るくできる人と過ごすと、自分も明るく過ごせます。

いい書を持つこと

どんな本と出会うか。

本は、たくさんの知識と共に、経験を追体験できます。想像力や感受性を豊かにしてくれるものです。人生の時間は限られています。体も一つ。良質の本を読むと、人生が豊かになります。

禅コラム◉其の弐

身心脱落（しんじんだつらく）

身と心が脱落すること。つまり、余計なことがなくなるということです。大事なのは、身と心が脱落して無になることで、すべてのことと、ものからバックアップされるようになります。身が先にくる順番が大事です。

身（からだ）が先に、心があとに

脱落する感覚を得るには、心を変えようとするのではない。身を変えると、心が一緒についてきます。どちらか一方ではなく、座り、体も調い、息を吐き呼吸を調えることで、心も調います。明確、かつ具体的な目的意識をもっていることで、これが叶うのです。

目の前のことに一所懸命に打ち込む。身心脱落し、無我夢中になる。自分の使命、天職が腑に落ちます。神が教えてくれたり、天が教えてくれるものです。天職に気がついた人は迷いがなくなります。

身と心が脱落して、自分が無になる。つまり空っぽになると、たくさんのことが入ってきます。新しいものが入ってくる。新しいものと一体になる。また脱落する。すると、また新しいものが入ってくるのです。先にスペースを空けておかないと、目の前に宝物があっても、手に入れられません。

身心脱落すると、宇宙の大きな力からの助けがくる

宇宙の法則に従って生き、エゴをなくすこと。只管打坐すると身心脱落する。大きな力が自分の味方であることを感じられます。

「いま・ここ」を生きるということは、全身全霊で感じることです。いま悩んでいるのなら悩みに徹する。眠るときは眠ることに徹する。食べるときは食べることに徹する。生きることそのものが身心脱落なのです。

身心脱落すると、相対の世界から、絶対の世界に行けるのです。絶対の世界は比べない世界です。物質的な優劣は、禅の世界では存在しません。身心脱落して、空っぽになればこそ、たくさんの周りに自然と助けられるのです。ご先祖さまから今の自分に繋がるまで、そして宇宙の助けがやってくるのです。

第三章

資格や立場の悩み

働いていると、組織の中の立場によって、悩みになることがあります。置かれた位置、居る場所の条件が、資格や免許によって左右されることもあります。思うような部署に行けない。人間関係に悩まされ、気を使い過ぎて疲れてしまうことが多いのです。

立場の違いにより、言いたいことが言えない。自分が弱い存在であるように感じてしまう。そんな時に、禅的な考え方を持てば、自分を大事にすることができます。この章では、立場や資格などから生まれる悩みをどう捉えるかについて、具体例をあげてお伝えします。

Case ⑤

仕事ができないチームリーダーの元で働きたくない

―チーム制での不満―

《質問》

プロジェクトチームで働いています。チームリーダーである男性があまりに仕事ができません。情報や知識だけをひけらかしてきます。その上、私が新人だからなのか、他の人と同じテンプレートで報告したことにもなぜかダメ出しをしてきます。チーム単位なので抜けることもできず苦しんでいます。

《回答》

女性には多い悩みですね。上の立場にあたる男性との関係から生まれる悩みですね。まず最初に、嫌な気持ちを、少しだけ横において、チームリーダーに信頼を得るようにしようと考えてみてはいかがでしょう。チームリーダーが何を求めていて、どうして欲しいのかを把握することです。

あの人が嫌だ、というフィルターを少しはずしてみましょう。本当に言いたいことはなんだろうと考えてみませんか。わからないと感じたら、そこで諦めるのではなく、どうしたら分かるだろう、何をすれば良いのだろうと考える―先入観をはずすことは、なかなか難しいですが、そこだけはちょっと頑張ってみましょう。

さて、どんなことができそうですか。

もっとリーダーとコミュニケーションをとるのが良いと感じたら、飲みに行く。先輩の働いている様子をもっと観察してみる。近くを通る度に、何か気づいたことを言ってみる。敢えてお茶を入れたり、差し入れのお菓子とコーヒーを渡してみる…。

自分が嫌だと思っていると、相手が何をやっても嫌だと感じてしまいます。その空気は、必ず相手に伝わります。やはり相手も嫌なことをしてきます。

悪循環の始まりです。

少し歩みよる。嫌なのではなく、フラットにしてみる。すると、相手の強さも弱まります。態度が少し変われば、本当に言いたいこと、チームリーダーの考えていることや求めていることが見えてきます。それがわかった上で、自分が一所懸命やっていくことが大事なことです。

チームの中での、自分の役割を全うする—**どんな仕事でも、目の前のことを一所懸命にやることで、自ずと変化が起こってきます。**

❖3つの役割

会社に限らず、組織の中には3つの役割というのがあります。

①リーダーシップ　②フォロワーシップ　③メンバーシップ　の3つです。

「乾杯」と音頭をとってリーダーシップを発揮するのか、飲み会でメンバーの一員として参加するのか、友達のフォローをするのか、それぞれを使い分けます。

自分の立場を固めてしまうと、「いじめられている」「私ばっかかり」などと感じることにも繋がります。

ものの考え方は自由自在です。どうしてもこだわってしまうのは、立場も自由自在なことを体現できていないからなのかもしれません。

自ら動くことができるのに、少々受け身なのかもしれません。主体性を持つことです。チームリーダーに自分の意見を言っても良いのです。感じたことは、声にしないと周りには伝わりません。

自己主張だけになってもいけません。それはただのワガママになってしまいます。「視点」「観点」「測点」の3つをもって、リーダーシップ、フォロワーシップ、メンバーシップのどれを選ぶのか。その時にあなたがやってみたいことを選ぶことが大切です。

❖どこに立つか（優位特性）

立場を理解することは、必要です。

いじめられっ子は、いじめられやすい、いじりやすい要素を本人がもっていることが多いのです。いじめられていると感じると、つい自分は悪くない、と周りのせいだけにしてしまいます。自信のなさ、自分のなさが、その状況を生み出していることがあります。不安なので、ガードを硬くします。堅い殻を破るには、力が必要です。外からも中からも…。

ガードが要らないように、内側を強くすること。自信をもつことが大事です。

では、どうすればいいのか。

「**優位特性**」**を持つことです**。

趣味でも何でもいいから輝くものを持つことです。ないと感じたらつくること。

人ができないことをやれば尊敬されます。自信になります。

なんでもいいのです。会社の飲み会だったら、鍋奉行もありです。美味しいお店に詳しいとか。趣味なら、アイドルやお笑いに精通している。宝塚に詳しいとかもいいいんです。

会社内、チーム内だけでなく、広い視点で捉えてみると考えやすいかもしれませんね。人間同士なら幅の広い人が成功します。

「可もなく不可もなく」ではなくて、優位特性をつくり自信をもつことです。

❖趣味をもつ

好きなことをすることをお勧めします。

趣味を6つ持ちましょう。

特に趣味はないと感じた人。小さな頃に好きだった物事はありませんか。受験勉強や就職したことで、辞めてしまった習い事はありませんか。

時間がない、お金がない、子供のことで忙しい。そんな理由をつけて言い訳しないで、再開してみることをお勧めします。
夢中になれる好きなことをやることです。どんなことでも10年やれば、プロになります。自信がつきます。人生が豊かになります。

Case ⑥

会社との約束が守られていない

―待つだけでは変えられない―

《質問》
数年経てば、この仕事をさせてあげると就職しました。何年経ってもその部分を任される気配が全くありません。なんとなく馬鹿にされている気がします。

《回答》

自分がやりたいことを明確にして、相手に伝えることが大事です。

本当にその仕事をやりたいという情熱や覚悟が、伝わっていないのかなと感じます。

伝えた上で、やりたい仕事に必要な資格を取る。その仕事をやるための努力をちょっとずつしていく。信頼を得て任される自分になるということですね。

待っている姿勢では何も変わりません。自分の番が回ってこないと周りのせいにしても意味はありません。あなたにやらせたいと言われる自分になることです。その姿勢をアピールしましょう。

信頼関係をつくるために普段からしっかりとコミュニケーションしていれば、自然と熱意も伝わります。

なにごとも因果関係です。原因があって結果があります。今、目の前にみえている状況は、自分が生み出したことなのです。自分が変われば変化が起き始めます。

❖遠慮しない

日本人は、自己主張をしない方が良いという概念に因われてきました。中でも女性は「奥ゆかしさが美しい、男の三歩後ろを歩くべし」などと言われてきました。しかし、時代は変わりました。伝えないことは伝わらないのです。

相手がどう思うかは、言ってみないとわかりません。何が起こるかは、やってみないとわかりません。

積極的に行動して言いたいことを言う。簡単なことでいいので自ら抑えてしまわずに、やってみましょう。

何が起こるかわからないことを、マイナス発想しない。

プラス発想することで、わくわくしませんか。

自分がどう在りたいか、目標が決まっていれば動けます。

本当にやりたいことであれば、自然と努力します。熱意として伝わり、周りが放っておきませんよ。

Case ⑦

転勤が多くて困っています
―決断できない―

《質問》

30歳を超えて結婚出産もしたいと思ったのですが、うちの会社は転勤が多く、このままでは難しいのではと感じています。資格などが特にあるわけでもなく、退職しても今より良い会社に入れるわけではないと考えてしまうと、転職の決断もできないまま日々が過ぎています。

《回答》

本当に結婚したいのであれば、結婚相談所に登録することをお勧めします。決して冗談ではありません。今までと違う行動をすると、違う結果が出るというのが理由の一つだからです。

結婚相談所というのは、データベースで条件に合う相手と出会う機会が増えます。やみくもに婚活パーティーに行って、限られた時間に多くの人の中から自分に合う人を見つけるよりもずっと合理的です。

転勤になったらとか、能力がないとか、まだ起こってない先のことを心配しても仕方ありません。どうしても結婚したいなら、まずは結婚するという目標に絞りましょう。

同時にいろいろ考えても、あなたはひとりです。体は一つです。結婚すると決めて、後の心配はしないことです。

行動の結果、目標が達成します。結婚したら、次に新しい景色が広がります。そこで今度は仕事のことを考えるのです。

スキルアップしたいならスキルアップするための行動をしていく。一つひとつ進むのが良いのです。

「私は誰でしょう」ということは自分で決める

私のクライアントの中に、主婦の方で「私は何をすればいいでしょう」という方がいました。

私は「毎日、家事をやっていますよね。お料理してますよね。ならば家庭料理研究家と名乗ってみたらどうでしょう」とアドバイスをしました。

その日から、彼女は家庭料理研究家と名乗ることにしました。

経験してきたこと、できる料理のことなど、自分の持っているもの、身についていることをしっかりと見ることができました。自信が持てました。

彼女は今ではケータリングのお仕事や家庭料理のお料理教室など、その仕事がどんどん広がって活躍しています。

❖やってみること

能力は、誰しもが必ず持っています。

やりたいことがあるならば、やると決める。先延ばしを禁止して、今、やることが大事です。一つずつ、まずやってみることです。

もしやってみて違ったら、辞めてもいいのです。やってみないと、向いていなかったとか、本当に好きじゃなかったとかが分かりません。とにかく気になったこと、思いついたことは、行動に移してみることをお勧めします。

行動が人生を変えていきます。

生きるということは、すべて選択の積み重ねです。何時に起きるのか。顔を先に洗うのか。歯を先に磨くのか。無意識だとしても選んでますよね。

人生100年と言われる時代。それでもいつかは死ぬ時がきます。死の瞬間を迎えた時に、あれもやりたかった、これもしておけば良かったと後悔しないためにも、まずはやってみることです。

小さな頃は、なんでもやってみましたよ。水たまりをみつけたら入ってみた、泥んこになることさえ楽しかったはずです。その気持ちを思い出して、命の危険がないことであれば、なんでもやってみることです。何歳になっても、いつからでも始めてみれば良いのです。人の目を気にしない。誰のためにならないことでも、自分が興味を持ったこと、やってみたかったことに挑戦してみましょう。

❖簡単にできること

小さな挑戦をしてみましょう。人にどう思われるかは関係なく、やってみたいことをやる──その訓練にもなります。行動を変えるヒントが見つかります。

例えば

・いつもと違う道を通ってみる
・料理の味つけを変えてみる
・駅員さんに挨拶してみる
・実家に電話して、親に感謝を伝えてみる
・普段着ない色の服を着てみる
・お化粧の色を変えてみる
・夕陽を眺める
・歩きながら歌をうたってみる

なんでもいいのです。ほんのちょっとの勇気を出して、いつもと違うことをやってみましょう。

禅コラム◉其の参

人時を待つ、時人を待たず

いつかやる、いつかできるの「いつか」は来ません。

悩んだり、考えたり。忙しいから、仕事があるから、家庭があるからと、やりたいと思っていることや、こうなったらいいなと感じていることをやらないでいる人は多くいます。

いつかは来ないまま、時は過ぎていきます。時間は刻々と過ぎていきます。

一日は24時間と限られているのです。時は人を待ちません。

人はいずれ必ず死を迎えます。その時になって、いつかやりたかったことができてないこと、なりたかった自分になれてないことを、悔やんでも仕方ありません。

後悔先に立たず。では、どうすればいいのか。

「今」やるしかありません。

目標を決める。今、何をすれば良いのかが明確になります。

「いま・ここ」に集中する。いつの間にかできています。できれば、次の目標がみえてきます。


大事なことは、決めて行動すること。決めるのも、行動するのも自分です。

あなたが今、思い描いた「いつか、こうなったら良い」に期限をつける。そのために、今何ができるかを考え、今すぐにやってみましょう。


人生は自分でつくるもの。

あなたという人間は、一人しかいません。

なりたい自分になれると、自分を信じ一歩踏み出しましょう。

第四章
家庭の悩み

結婚して家庭をもつと、家庭内での悩みも増えます。

仕事をしていたり、会社に勤めたりしていると、そこでの悩みと複雑に絡み合い、いろいろと大変な状況に陥ったりします。

子供がいると、自分の自由にならない時間も多いことでしょう。家庭に仕事を持ち込まない、と思っていても仕事の準備をしなくてはならなかったり、残業があって帰りが遅くなったり…。

逆に、仕事に家庭を持ち込まない、と思っていても子供が熱を出します。学校から連絡があれば、仕事を抜け出さなくてはならないことも起こります。

自分は一人しかいないからこそ、いろいろな顔の自分に振り回されて、線引きが難しくなってしまいます。

この章では、そんな場が違ういくつかの悩みが絡まった事例を取り上げ、その絡まりをほどく方法をお伝えします。

Case ⑧

仕事も大事、家庭も大事どうすればいいの？

―時間が足りない―

《質問》

大きなプロジェクトを任されて嬉しい反面、家に持ち帰る仕事の量も増えてしまいました。夫や子供とのコミュニケーションがとれてないことが、とても申し訳なく思います。実際、喧嘩やイライラしてしまうことが増えています。

《回答》

母親であり、妻であり、仕事もしている。たくさんの立場をもつ女性ならではの悩みですね。

仕事が忙しい時は「少し家庭がおろそかになっても良い」と許可を出すのはどうでしょう。

全部100点取ろうと思ってもできません。まずは、任されて嬉しいと感じている責任ある仕事を一所懸命やることです。その上で、空いた時間があれば家事をするということです。

完璧にやろうと思い過ぎないことです。仕事に思う存分取りかかりたければ、子供にも「私は仕事に集中したい」と伝えればいいのです。その経験は、子供の勉強にもなります。事実をしっかり伝えられることも、親子の信頼関係があるからできることです。

親が一所懸命にやってる姿を見せることで、子供も頑張ろうと自立します。自分のためにも子供のためにも、ご主人の協力を得るために、察して欲しいではなくて、きちんと伝えましょう。

一人ですべてうまくやろうとすれば、許容量を超えていきます。一日は24時間、あなたは一人です。容量オーバーは、エネルギー不足を引き起こします。疲れてしまうと両方中途半端になってしまいます。

自分のためであり、家族のためにもオール100点を目指さないこと。やりたいのが仕事、大きなプロジェクトなら、そこに全力を注ぎましょう。

❖一方を証する時は一方はくらし

仕事、家庭、子育て。これは任務ですね。子育て一辺倒で自分を犠牲にしない。仕事一辺倒で家庭を犠牲にしない。全部をやっている今のあなたも素晴らしい。でも全部100点は難しい。60点でもいいから、できることを順番にやれば良いのです。

頭で考えない。立ち止まることなく行動する。時間割をうまくつくる。周りの協力も得る。自分の人生を「創造する」ことができるという自信を持つ。受け身ではなくて、どういうマネジメントするかに意識を向けてみましょう。

あなたは一人しかいない。時間も24時間と限られているのです。

光があたれば影ができる。そちらの影に引っ張られないこと。影があるということは、光があるとも言えます。光る方を観るようにしましょう。光が強くなれば、影も色濃くなります。それがあるがままです。両方を光らせようとするのは、エゴになります。

【一方を証するときは一方はくらし】なのです。

Case ⑨ 離婚した方がいい？

——家庭と会社の両立——

《質問》

家庭内別居をしています。離婚した方が仕事もうまくいく気がしています。しかし、離婚はしないと言い張る夫と親御さんとの関係にも疲れて、仕事もダメになりそうで苦しいです。

《回答》

最初に、時間と共に体勢は変わっていくと心に刻んでください。いつまでも同じことは続きません。今できることに、集中しましょう。

人間関係で行き詰まった時、自分で全部解決しようとしないという視点を持つことも必要です。夫と話し合いをしても進展しないのであれば、弁護士という第三者の協力を得てもいいでしょう。

自分ができることはすべてやった。どうにも行き詰まったと感じたら、自分よりも詳しい人に訊く。専門家に相談すれば良いのです。

それも行動の一つです。悩んでいる人に多いのは、どうにかして自分で解決しようとしすぎることです。

人生は多答解です。まずは選択肢を増やすこと。

その中でどれを選択していくかを決めることです。そのためにも、すぐになんとかしようと焦らず、必ず解決するから、今、何ができるだろうと考えるのです。

❖正解を求めない

唯一解に執着しない。「これしかない」「これだけにしなくてはならない」と思い込むと、視野が狭くなるからです。

少しだけ問題から距離を置いて考えてみる。この方の場合、「離婚するかしない」だけにとどまっています。果たして、それだけがこの問題の解決方法でしょうか。離婚が良い悪い、ということではありません。正解を求めないことなのです。正しい、正しくないではなく、「適」「不適」と捉えるだけでも視野が広がります。すべてがここにある。今にふさわしいものを選べる体質をつくること。それが禅的思考です。

問題が合併症のようになっていて、ごちゃごちゃとしていると解決できない私はダメな人間だと、自己否定を始めます。

全く解決がみえないと、今度は本当の病気や鬱になったりもします。自分を悪者にしても解決しません。他人のせいにするのは、もっと良くありません。

すべて心の置きどころ。なんとかなると思えばなんとかなります。

それも自分で決めることが大切です。

初心にかえって考えるのも良いですよ。「なぜ結婚したのだっけ？」と問うてみましょう。今起こっている悪いことばかりに目を向けていると、好きだった旦那のことが、嫌いという眼鏡をかけてしか見れなくなってしまいます。色眼鏡をはずして、在るがままをみる。問題と思っていたことが、実は問題ではない可能性も出てきます。

前向きの方がいいですね。悩む時間は意味がありません。立ち止まってしまいます。能天気でいると、自然と時間が道を作ってくれます。

第三者に相談して、あとは在るがまま。前向きに過ごしていたら、いい答えがやってくると思いますよ。前向きに、目の前にある仕事に一所懸命に打ち込んでいたら、悩んでる暇もないかもしれません。

Case ⑩

引きこもる息子を変えたい

―何をしてあげればいいの？―

《質問》

高校生の息子が引きこもりになってしまいました。どんな言葉をかけていいのかわかりません。私としては、学校は無理して行かなくていいと思うのですが、主人が行かせろと言い、板挟みのような状況で仕事も手につきません。

《回答》

今とは別のやり方をするしかありません。

因果応報です。今までの何かしらが原因で、引きこもりという現実が現れているのです。あなたのいうように、息子さんは学校へ行かなくてもいいと思います。18歳までは母親の影響が大きいのです。母親であるあなたが周りの目を気にしたり、人の意見に左右されず、こだわりを捨て、伸び伸びと子供のすべてを活かすことです。それがあなたの責任です。

人生は七転び八起き。転び続けることはありません。転んでもいいという許可を出す―これは自分にも、子供にも。自分が思っていないことは、子供も思えません。

親の方が先に死にます。子供の方が長く生きます。自立するように育てること。転んだ時に自分で起き上がれるようにする。手を出さずに見守るのも方法の一つです。

「お金は貸すけど自分でやりなさい」「家にいないで一人で暮らしなさい」と言ってみてください。

人間は自分で困って、自分の考えで行動する癖をつけるのが良いのです。時代が変わったのかもしれません。私はどうしても過保護の親が増えていると感じています。困っていたら、すぐにお小遣いをあげることが愛情ではありません。

子供にアルバイトをやらせるのもいいですね。自分のことは自分でやる癖をつけること。一生引きこもってるわけにいかないですから…。

❖自立を促す

早いうちに親離れ、子離れするのがいいですよ。

自立するのは子供自身。親は環境整備くらいしかできません。家庭が居心地よすぎると子供は自立できません。最初の一歩が難しいこともあるかもしれません。いっぺんにやろうとせずに徐々に引いていき、だんだんと手を出さないと決めることです。

本当に簡単なことで良いのです。今までと違うことをしてみることです。例えば、お腹が空いたら作ってあげるのではなく、自分で作りなさいとか、朝遅刻しそうでも起こさないとか…。ほんとに小さなことから始めてみましょう。

習慣や、無意識にやってしまうことを、意識的にやらないと決めることです。子供にとっても、あたり前だと思っていたことが、そうではないと分かると感謝も生まれます。

何十年もかけて、体勢を作ってしまったから少しずつでいいのです。三つ子の魂百まで—時間が経って、あたり前になっていることも、大元を探ることができると大きく変化できたりもします。

すべて親が作っていることを自覚しましょう。子供は親を信じて生きています。一人の人間として、どう扱うかは親のあなたが選んできたこと。そうして扱い、育ててきたことの結果が「引きこもりなんだ」とまずは認めることです。

子供は自分の言う通りになるという過信も間違いの元です。自分の子供でも思うようにはいきません。別人格なのです。明るく素直に育って欲しい。子供にとってプレッシャーになることだっていっぱいあります。弱音を吐けなかったり、親の目を気にしすぎたり…。

私自身も小中学校の時、期待に応えようとして苦しかったことを思い出しました。子供は子供で、一人の人間として生きるしかないのです。

親にできることは、転んじゃいけない、失敗しちゃいけないと手を伸ばすことではありません。見守ることです。

命の危険や大けがをしそうな時には、手を出せるように傍にはいることです。

自立を促すことと子離れすることの一歩は、あたり前に出していた手を出さないことです。小さなことからやめることです。

❖真剣勝負

親も子も真剣勝負で生きる。

その子なりにベストを尽くせる環境をつくる。

そのためにも親が、腹を決めないといけません。残った子供の幸せとはなんだろうと、真剣に考えるのが親の役目です。

自分の子供を憎んでいる親はいません。怖れたり甘やかすことなく、真剣に正面から向き合わないといけません。自分への甘えや怖れが、子供への態度に現れるものです。子供のことを真剣に考えるということは、自分のことも真剣に考えることなのです。

もしも、おかしなことがあったり、危ない方向になってきたぞ、と感じた時に過剰に反応しないことも大事です。

「あるがまま」です。

気にしすぎるから、そこに意識がいってしまいます。どんどんおかしくなります。

自分を信じて、子供を信じられたら、ちょっとくらい不良になっても戻ればいいと思えませんか。

痛い目にあう。自分で「痛い、熱い、寒い、嫌だ」って体感できないと分からないのです。大やけどをしない方法を身につけることが大事であって、やけどはしてみないと分からないのです。

喧嘩だって殴りっこをちゃんとしてれば、痛みも分かるし、どちらかが泣けば終わりです。

いい意味での放任主義になれる自分でいること。それができるのは、自分の人生も子育ても、真剣で信じられてるからです。

腹を決めて、目先の「いい子、いい子」の飴をあげるのではなく、将来に活かせる鞭をふるうことが大事です。

Case ⑪

娘の気持ちがわかりません

―シングルマザーの私―

《質問》

娘が無視したり、夜遊びをしたり、何度言っても訊きません。シングルマザーがいけないのでしょうか。私が育て方を間違ったのだと思っています。でも、やはり自分の娘が可愛いので突き放すこともできません。

《回答》

娘さんが何歳かはわかりませんが、あなたとは別人格です。それに、20歳過ぎたらすべて自己責任です。

悪いことをしたら、悪いことはいけないと体で覚えさせるためにも放っておきましょう。親はずっと見ていられません。それでいいのです。だから子供も遊んでもいいし、痛い思いもすればいいのです。

その痛みに親は関係ない、だからシングルマザーであることだって関係ない。シングルマザーとして問題があるとするなら、娘のためにと思って再婚しないことです。その方が子供の負担です。

それぞれの人格を尊重しながら生きていけばいいのです。それぞれに幸せに、ｈａｐｐｙになればいい。

自分が幸せになることが、子供が幸せになること。犠牲からは、いいことは生まれません。

あるがままで「泣きたい」「わめきたい」「遊びたい」。オールオッケーにできることが、自分の幸せであり子供の幸せです。

してはいけないと頭で考えすぎないことです。考えすぎて何かが解消できない時にはロングブレスをしましょう。長い息と共に、吐き出しましょう。

ため息は、とても大事です。どんどん出していくと、ため息の種がなくなるのを感じることができますから。

❖人のせいにしない

母親であるあなたも、娘である子供も、お互いに人のせいにしない。頭で考える悩みに支配されていると、決められなくて誰かのせいにします。

「私は、こんなにやっているのに、あなたはどうして私の言うことを聞いてくれないの」と見返りを求めます。

「過去と他人は変えられない　変えられるのは今と自分」

この言葉を思い出してください。相手は変わりません。自分が変わるのです。自分を忘れて、相手と一つになることです。

ラグビーのワンチームの考え方と同じです。個々が在りながら、皆が勝とうと思って一つになってゴールに向かいます。あっちが悪い、こっちが悪い、俺にパスしろではなく、一つになって動くのが一番パワーが出るのです。

その子が健康だから、そんなことを言っていられるという面もあります。もし病気や怪我をしたら自然と協力しますよね。少し厳しい言い方をすれば、平和惚けともいえる悩みです。恵まれているからこそ、生まれた悩みなのです。

❖行動渋滞しない

昔は災害があっても、鬱病にはなりませんでした。生きるのに必死だったからです。物も手段も限られている中で、目の前にあること、「いま・ここ」に自然と集中するしかありませんでした。

今は、哀しんでいられる時間があります。なにかしら食べられる環境があります。余裕があるのです。すると、頭で考えます。

思考で処理してはダメです。体で感じて、感覚で対応しないとなりません。行動渋滞を起こすから悩みが発生するのです。

ここでも小さな行動の積み重ねが役に立ちます。

- 早起きする
- 掃除する
- 深呼吸する
- ストレッチする
- 散歩する

日常の小さな行動を積み重ねることで行動渋滞を回避していきましょう。

キーワードは一所懸命。

お腹がすいたら、食べることに必死になります。その感覚をキープしていきましょう。

エネルギーが停滞すると澱みます。澱むと重くなって、余計に動けなくなってしまいます。だから行動し、少しでもエネルギーを使う。流れをよくすることが大切です。

❖真因を見つける方法（なぜを5回）

問題や悩みが生じた時には、「なぜ」と5回問いましょう。

子供が言うことを聞かない。

なぜ？　反抗期だから

なぜ？　育て方が悪かったから

なぜ？　シングルマザーだから
なぜ？　自分の思いを伝えられず、離婚したから
なぜ？　自分に自信がないから

自分に自信がないことに気づきます。これが真因です。

「なぜ」と5回問い、深堀りすると自分の問題ということに気づきます。自分に向きあって悩みから目を背けずに、なぜを繰り返してください。

問題や悩みの真因が見つかれば、その反対が対策になります。「ではどうしたい？」「どうする？」というシンプルな問いかけができて行動に移すことができるのです。

困った、複雑だ、何から手をつけて良いかわからない。そんな時には、自分に「なぜ」と問いかけてみましょう。

禅コラム◉其の四

前後際断（ぜんごさいだん）

チャンネルを切ることが良いのです。トレンド思考で考えないこと。

今日は昨日の続き、明日は今日の続きと考えてしまいます。昨日は終わってしまい、明日はまだ幻です。私たちの生きている所は「いま・ここ」しかありません。毎日を本日開店の気持ちで全力投球しましょう。

「いま・ここ」の積み重ねが人生です。今を生きるだけでほとんどの悩みはなくなります。

悩んだら、目の前のことを一所懸命にやりましょう。

悩んでいる人に多いのは、ノーと言えないこと。ノーサンキューと一言いえばいいのに、やらなくちゃいけないと思い、できなくて落ち込みます。

自分のことを大切にするためには、ノーを言う勇気も大事です。自分の本音を出せないと辛くなります。いじめられたら、嫌という。警察に行くのもありです。ノーサンキューも前後際断。我慢するのはダメ。こだわらずに言えばいいのです。

目標を持つと耐えられます。目標がないと我慢になります。人間は大なり小なり同じです。消極的になって落ち込むけれど、目標をもつかどうかで積極的になれます。「いま・ここ」を生きられるのです。

できることから、新しい生活が始まります。小さな積み重ねが、気づくと大きな変化になっています。

体に染み込ませるには習慣にすること。チャレンジする癖がつくまでは訓練です。大きなことを、いきなりやろうとすると、できなかったり、続かなくて元に戻ります。だから小さな行動がいいのです。繰り返すことで、習慣になります。それが勇気や自信になるのです。

❖ある鰻屋親子のお話

ある地方に、鰻屋を営んでいる親子がいました。親父さんの店ですが、息子も一緒に働いています。私はその地方に行く際には、そこに立ち寄り、ごはんを食べたものです。

ある日、お店を訪れると息子がいません。どうしたのかと親父さんに尋ねると、出ていってしまったと言います。

そこで、私はおせっかいながらも、息子の携帯電話の番号を尋ね、電話をしてみました。「いつもカウボーイハットをかぶっている飯塚だよ。分かるかい？」息子は、覚えていてくれました。カウボーイハットのおかげです。

なぜ出ていったのか理由を尋ねると「鰻屋では生活が安定しない、だから家を出て、サラリーマンとして働く」と就職したそうです。

私は言いました。「なにをもって、安定というのか」と…。

サラリーマンが安定した仕事かというと、決してそうではありません。組織に所属すれば、たくさんのルールがあります。昇給だってままなりません。思うような給料がもらえるかも分かりません。「それが安定なのかな」と…。

息子が、どう捉えたのかはわかりませんが、それで電話を終えました。その後、特に音沙汰はありませんでした。

それからしばらくして、またその地方に行った際に、鰻屋に足を運びました。なんと息子がいるではありませんか。戻ってきたなら、ひと言、言えと思ったりもしましたが、勝手におせっかいをやいたのは私です。「よかったなぁ」とだけ伝えて、いつものように食事をしました。

それから少し経った時、なんと親父さんが病気になって入院してしまったのです。息子が一人で店を任され、必死に働くことになりました。

親父さんは頑固者で有名で、それに嫌気がさして家を出た息子。親父さんと共に働いていた時には、鰻を捌いたことがありません。それは、親父さんが許可しなかったからです。下積みをして、一人前になったらやらせようということだったのでしょう。

しかし、親父さんが入院している今、自分がやるしかありません。息子が頑張って、鰻の捌きを覚え、他の料理も作り、店を切り盛りしたのです。するとどうでしょう。近所の方を始め、私のようなたまに来る客も、息子の頑張りを応援するので店が以前より繁盛するようになりました。

さらに、親父さんの病気が無事に回復し、店に戻ってくると、より鰻屋は繁盛したのです。

今では親父さんは、鰻は息子にまかせて、他の料理を担当しています。息子があのタイミングで戻っていなければ、店が潰れていたことも考えられます。紙一重で救われた店。私のおせっかいが役に立ったようです。

親子の関係は、こうして第三者が介入することで解決することもあります。様々なタイミングが噛み合う奇跡も起きました。親父さんが入院するという大変なことも、スパイスです。目の前のことに一所懸命に取り組んでいれば、いずれうまくいく。息子だけでなく、親父さんの成長にもなったお話です。

おせっかいはおせっかいであって、見返りを求めてはいけません。優しさは出し惜しみせず、無償の愛で与えきるものです。それを素直に受けとって行動した人は、必ず伸びると感じています。

第五章 健康の悩み

病気や怪我はない方がいいですが、どうしても体調がよくないことも人生には起こります。

女性ならではの悩みなどもあります。

日々の健康のこと、どうしたら自分の体と心を大事にできるのか。また、子供や家族の病気があった時、どう対応したら良いのか、分からなくなってしまうこともあります。

この章では、具体例をあげて、自分の体と心の扱い方についてお伝えします。

Case ⑫

体調不調で休むと怒られる

―モチベーションが上がらない―

《質問》

小さい頃から病気がちで、今でも貧血や熱が出たりして仕事を休むことがあります。休むと上司や男性社員からの視線が厳しいので、無理をしてでも出勤することもあります。それが原因で仕事自体へのモチベーションが上がりません。

《回答》

健康第一です。

体が健康だからこそ、いろいろなことができるのです。体調が悪ければ、会社に行かなくていい。休んでいいのです。

人がどう思うかは、気にしないこと。どう思うかは、人それぞれです。分からないことを、想像して悩んでも仕方ありません。自分の体のことは、自分が一番感じています。辛いなら、休めばいいのです。

十人十色、百人百色

自分の音を出せばいい。それは声をあげること、主張することです。「もし、休んだのが原因で会社をクビになるなら、それでもいい」と腹を決めれば声をあげられます。

八方美人はダメです。すべてうまくやらなくて良いし、できません。大事なことは、自分らしく活き活きと生きること。自分の心の目をしっかり開ける、自分の心の動きを観察することです。

人の目を気にしないと言うと、「でも……」「だって……」と言い返す人もいますが、案外他人は自分のことを見ていません。こんな実験をしてごらんと、ある方にお伝えしたことがあります。

「ゴルフの時に履く靴下の色を片方ずつ変えてゴルフ場に行ってください。それで一日、ゴルフをしてみてください。どれだけの人が色の違いに気付きますか」。そうしたら、結局、誰も靴下の色の違いに気が付かなかったそうです。

人の目が気になるという固定概念に囚われる時には、こんな風にいろいろ実験してみるのも良いですね。自分で自分を解放する術を身につけることです。

私自身の実験で、大きなきっかけになったのは「食べ合わせ」です。

幼い頃に生卵を食べて蕁麻疹が出たため、親からは卵を食べるのを止められていました。親にいつもいつも言われていたので、小さい頃は卵を食べないことにしていました。

成長して高校の部活合宿の時のことです。おかずがない朝食でたくあんと味噌汁で細々と食べていると、周りが美味しそうに卵かけごはんを食べているのです。育ち盛りの高校生だった私は、あまりにも美味しそうに食べる先輩の姿をみて、大げさかもしれませんが「死んでもいいや」とチャレンジしてみたのです。するとと美味しかった！「卵って美味しいんだ！」と分かりました。そして、蕁麻疹にもならなかったんです。親からの思い込みで、自分の枠を狭めてしまっていたのです。美味しい卵の味を知らずに過ごすところでした。

その挑戦のおかげで、今は卵を美味しく食べ続けられています。蕁麻疹は一度も出たことがありません。

❖反対をやってみる

固定概念から抜ける、自分の枠から抜け出すには、逆、つまり反対のことをやるといいです。大いに挑戦するといい。気づかずに作ってしまった自分の枠や思い込みというのは、なかなか認識できないからです。

水槽に入れられた熱帯魚のお話をしましょう。

水槽の中を自由に泳いでいる熱帯魚がいます。ある日、その水槽の真ん中にガラスの仕切りを入れると、熱帯魚はガラスにぶつかります。しかし、何度も繰り返しているうちに、ぶつからなくなります。

半分の広さでうまく泳げるようになったところで、仕切りにしていたガラスを抜いても、もう熱帯魚は半分より向こう側を泳ごうとしません。ガラスがあって、ぶつかると思いこんでいるから、なくなっても気づかないのです。

似た話で、象を子象のうちにロープで繋いでおくと、ロープをはずしても、そのロープの長さ以上に遠くに行こうとしなくなります。

こういう体質、思考が、人間でも起こっているのです。

知らないうちに、ここまででいいやという枠や、ここまでしか行けないと範囲を狭めてしまっています。自分の可能性を抑えてしまっているのです。それを突破するには、真逆のことをやることです。

今までは、体調が悪くて辛くても会社に行っていたなら思いきって休む。会社に戻ったら、心配して気にかけてくれたりすることだってあるでしょう。元気な状態で復帰すれば、仕事に集中できます。

起こっていないこと、わからないことを気に病んで、自分の体と心を大事にしないことが、余計な不安を生み出しているのです。

周りの目を気にすることなく、すべて自分で決めればいいのです。その時には、勇気をもって真逆をやってみることをお勧めします。

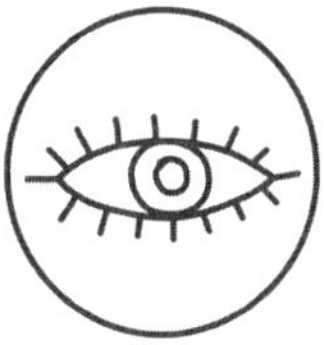

Case ⑬

眠れない
―なんとなくいつも疲れている―

《質問》

夜、なかなか寝つけず、眠っても疲れがとれない状況が続いています。毎日起きるのが辛くて、朝が憂鬱です。

《回答》

今日一日を、一所懸命に生きましょう。

子供が、目一杯遊んで、電池が切れてぱたりと眠るように、持っている力を使い切れば良いのです。

余力があるから、そのエネルギーを思考に使って眠れなくなってしまうのです。思考していると悩みになっていく。ぐるぐると悩み続けると、不安が湧き上がってきて眠れなくなります。

眠くなる時は、副交感神経が優勢の状態ですが、思考は交感神経が優勢の状態。また、**夜になって、余力がなければ、体は休もうとして寝ます。**消化にもエネルギーを使っていますから、胃腸が動いていると自律神経が乱れて、寝つきにくさや眠っていても休めていない体になります。

夜はなるべく早くに食事を済ませ、腹八分目にしておくことが、よく眠れることに繋がります。

現代社会は、情報にあふれ、生死の心配なく生きられる余裕があります。そして、頭で考えてしまうことが多いと常に緊張している状態で交感神経が優勢の状態で過ごしてしまいます。

寝る時に、スマートフォンで嫌なニュースの情報を見れば心がざわざわとします。自分に起こってもいない事件に、思考を巡らせて緊張した状態でいたら、それは眠れませんよ。

なによりも一日を全力で生きること。体が敏感に感じとることができるようになるためにも、坐禅をお勧めします。

思考に囚われずに、体（身）を調える。早起きして運動すれば、夜には眠くなります。

❖選ぶことができる

今日一日を、どのように過ごすのか、24時間をどう使うのかはあなた次第。目の前の道、どれを選ぶのかは自由です。

情報であっても、みんなが知っているから、自分も知らないといけないことはありません。体験したことが、あなたの体をつくり、その体が感じたことを信じるのです。

そうやって、一つひとつを選んで一所懸命に取り組みましょう。それが、自分の見えている世界、現実を作っていくことです。

死ぬまで、常に選択しているのです。自分で選びましょう。

心地よく過ごしていられることを選ぶ方が、楽しく、元気に過ごせます。

身を調え、息を調え、心を調える。どちらにしようと迷ったらロングブレスをして、体を大きく開いてみれば決められます。自分の意思で決めたことならば、もしそこに困難があっても自分の責任として向きあえるでしょう。
選ぶのは、あなたです。

❖健康法

健康であるとは、身と心のどちらも健康であることです。何か不調があった時、すぐに医者に行く人もいますが、その時に大事なことをお伝えします。

治すのは自分だということ。医者はあくまでもサポート的な存在です。自分をコントロールできる癖をつけていたら、今は休むべきか、働いても良いかが分かります。

・りんご好きは医者いらず
・腹八分目
・粗食

例えば、こうした昔ながらの健康法を、馬鹿にしないことです。
本来の体で在ることができれば、悪いものを食べたら、すぐ吐くのが動物です。

子供は、よく吐きます。あるがままの自然な体なのです。要らないものは、受けとらないと反応するのです。そのあとの反応は下痢ですね。

良くないのは溜め込んで中毒を起こすことです。

人間の体は素晴らしい自然治癒力をもっています。年を経るごとに、我慢や辛抱ばかりになって、吐き出せずに溜め込みます。その結果、大きな病気や鬱になってしまうのです。

シンプルに生きることが、健康な体と心をつくります。目一杯に運動して疲れれば体が休もうとします。眠くなります。

辛いこと、悩みを考えながら布団に入れば休めません。考えごとをできないくらいに、一日のエネルギーを使い切りましょう。出し惜しみをするから、溜め込んでしまい考えてしまうのです。

また、楽しい気持ちになる落語やクラシックのようないい音楽を聴くとかも良いですね。

・波動がいいものに触れる
・感じる力をつける

・理性ではなくて、感性を磨く
・創意工夫する
結局は、あるがままが一番いいのです。

道元禅師の言葉を記します。

春は花
夏ほととぎす
秋は月
冬雪冴えて、涼しかりけり

良い悪いではなく、事実を受け止めること。

大自然の前では、どうしようもありません。雨が降っていることを、誰のせいにもできないのです。

その自然の中に生きて、自然の呼吸に合わせるのです。

健康も自分で選べるということなのです。

禅コラム◉其の伍

照顧脚下（しょうこきゃっか）

「すべては足元にある」という意味です。

「いま・ここ」を疎かにしないで、常にベストを尽くすこと。すべてのこと、すべての事実は足元にあります。足元にある問題から逃げないことです。なんのために生きているのか。自分を生かし切るのが「照顧脚下」です。自分の体はまさに足元であり。健康な肉体に健康な精神が宿ります。24時間、ずっと悩んでいたらもったいない。体調を崩していたら、もったいないのです。

パワーが出ないと思ったら、食べ過ぎずに断食してみる。毎日を真剣に生きていたら、そういうことが自然と身につきます。

難しいことをやる必要はありません。急に大きなジャンプをする必要もありません。今日の足元にある仕事、目の前に現れた出来事にシンプルに対応していけば良いのです。

具体的な目標を立てるからこそ、目の前のことに集中でき、「いま・ここ」を生きることになります。

一歩一歩の積み重ねです。

足元をおそろかにしない。感じとる力を身につけるためにも、身を調え、息を調え、心を調える。坐禅をすることとは、「照顧脚下」に気づくことです。

ただひたすらに座るしかできることがなければ、そこにいるしかなく、呼吸を感じるしかないのです。

この体質を身につけると、足元を大事にして一所懸命に取り組むことができるでしょう。

第六章

人生の生き方の悩み

あなたがこの本を読んでいる以上、少なくとも生きていますね。あたり前のことですが、死ぬまで生きます。

人として生きている以上、悩みや壁は必ず現れます。

この章では、大きく捉えた人生・生きることについての悩みを、具体的な例をあげながら、死ぬまで楽しく過ごせる方法をお伝えします。

Case ⑭

私は一人ぼっちです
―親の死と離婚―

《質問》
既に両親も亡くなり、いろいろな事情から離婚しました。子供もいないため天涯孤独です。生きることの張り合いもなく、寂しく、とにかく苦しいです。

《回答》

厳しいことを言いますね。

「とにかく苦しいこと」にとどまっていてはダメです。時は流れています。とどまるというのは、流れを止めてしまうことです。それはエネルギーの流れを止めてしまうことです。

とどまっていては、呼吸さえもうまくできず、より停滞を生み出します。いよいよ動けなくなってしまうと、今度はあなたも病気になってしまいますよ。

なんでもいいので、行動していると解決策が見つかります。

ほんの少しのことでいいのです。苦しい、何もできないと足を止めずに、「早起きしてみよう」「掃除しよう」「庭いじりしよう」「ごはん食べよう」「顔洗おう」とできることをやってみることです。

悩みが深い時こそ、行動渋滞が一番いけません。

あなたの状況は、確かにどうしようもないような問題かもしれません。一遍に何かをすることはできないかもしれませんが、できることから一つずつやってみましょう。

大それたことを一遍に解決しようとするから、できなくて、また悩みのるつぼに落ちていくのです。できることをやらないで、できないことばかりに囚われていませんか。

全部足元にあります。

シンプルに食べることのために米を研ぐことから始めるのもいいでしょう。

親は亡くなってしまったけれど、自分には命があります。夫は近くにいなくなってしまったけれど、自分が生きているなら新しい出会いだってあるはずです。

わざわざ自分から悩みのるつぼに入らないこと。

とどまると、深みにはまります。

❖迷いきる勇気

もし、それでも動けないと感じるようでしたら、悩みきる、迷い切るという勇気を持つことも大切です。

【迷いの中に迷いがある】という禅の言葉があります。

迷いから逃げようとするから迷う。迷うことに因われてしまい、足をすくわれたり、はまってしまう。

何かうまいことがないかという思考ではなくて、開き直れるほどに迷い切る。問題に向きあう勇気があれば、何をすればいいのかと気がつく。

「どうしようもないな」と言葉にして、ちゃんと開き直り、これでダメならしょうがないと行動できます。

ふてくされるのではなくて、開き直ることです。これは似ているようでずいぶん違います。開き直りは、覚悟して行動することです。これは勇気がでます。ふてくされは、困った困ったと、ただ困るだけ。

ふれくされは、なにも動かないのが想像できます。迷いのるつぼにはまってしまうのは、ふてくされが多いのかもしれません。

迷うことも、自分が決めればいいのです。今から一時間、とにかく迷う。真剣に考えるのも大事なことです。

中途半端にしない、とどまらないことです。流れを生み出すきっかけは、自分の行動にかかっています。

Case ⑮

もっと女性らしく輝きたい
―女らしさと社会―

《質問》

そもそも女性より男性の方が体力もあり、大きな企業のトップは男性の方が多いように、とても男性にはかなわないと思います。女性であることをどう活かしていけば良いのでしょう。

《回答》

女だ、男だと考えずに、その人らしさを生かすことです。

男女、年齢、学歴、役職も関係ありません。

生きること、社会と関わることの本質は、その人自身が、その人らしさを活き活きと生かすことなのです。

【鳥飛んで鳥の如し】という禅の言葉があります。

鳥は鳥として大空を飛んでいます。こだわらないで羽を動かし空を自由自在に飛びます。人も同じように人としてあるがままでいると悩みません。

「いま・ここ」に集中して、取り組むことで活き活きとできます。頭で考えて、どうしたらいいのだろうと、周りの目を気にしたり、人と比べたりすると、自分らしく生きられません。

あなたがどうしたいのかに集中することです。

鳥は、餌が目の前になければ、飛んで餌のあるところへ行きます。そのくらいシンプルにして行動してみることです。できる範疇で一所懸命に行動する。

私は、女性しかできない素晴らしさもあると感じています。

絶対の世界でいうと、女性で生きるしかないのですから。

❖人生という道場

あなたは今世に、女性として生まれたのです。その事実をそのまま受け入れることです。そして、目の前に起こったこと、事実をそのまま受け入れていくのです。

不本意なことと感じることも事実です。

それは、神さまや仏さまがくれた「ギフト」なのです。

うまいこと得にならないかとずる賢く考えるのではなく、人として生きている以上、平穏無事はないと腹を括ることです。

実は、波乱万丈を選ぶと平穏無事になります。

生きていることは、魂の修業をする道場にいるということです。神さま、仏さまが修業させてくれていると考えるのが禅です。

死ぬまで、一つでも世のためにお役に立てるように、魂を磨くことが生き様となり、心の成長につながります。

「なぜ、私だけがこんな運命…」と落ち込まず、今があなたの運命なのです。病気になっても、離婚をしても、それらはあなたが成長できる贈り物だと受け止めてください。

過去と他人は変えられない、変えられるのは今と自分。

できることは自分を変えることです。
何かのために犠牲になるのは、やめなさい。
すべて心の置き所。思った通りになります。
まずいな、大変だぞと思っていたら、その通りになります。
大丈夫、なんとかなると思っていたら、その通りになります。

女性にしかできないことはなんでしょう。子供を産む、子供を育てる、きめの細かさや家を守ることのできる本質を持っていることです。DNAに刻まれているのは、男は猟に出て女は家を守ることです。

我慢するのではなくて、積極的にできることをやりましょう。女性の方が、実は強いのです。子供を産み、育てることができる体力もあるし、痛みにも強いのです。

女性の方が影響力があります。出版の世界でも本を購入するフロンティアは女性で、ベストセラーになると男性も読むという統計もあります。

「令和」になり、明るい時代に変化します。エネルギーも明るい、調和の時代になります。

それは女性の時代とも言えるでしょう。今までの暗くて重い、争う時代は男性の時代だったのです。それが変わります。

この感覚を信じられると、女性であることが素晴らしいと思えませんか。女性であるという事実だけを受け止めて、あとは女だ男だと比べずに、自分を精一杯生きることです。今日も一日、活き活きと生きることが大切です。

Case ⑯ 毎日に刺激がない
―平凡で不安になる―

《質問》

毎日の生活に刺激が少なく、このままだと人生が平凡にあっという間に過ぎてしまうと感じます。何も変化もなく過ぎていく日々がとても不安です。

《回答》

趣味を持ちましょう。

好きなことをやることが大事です。

なんでもいいのです。

読書、芝居、登山、おしゃれ、コーラス、ペン習字…なんでも良いのです。

趣味がないという方は、いろいろなことに興味を持っていないからです。受け身で過ごしているとも言えるでしょう。

趣味をもつこと。目標設定をすることが大切です。

ちょっとしたことでもいいのです。自分で決めて、やると思うこと。思い立ったら吉日。今から始めれば良いのです。行動すれば、目の前の現実が変わってきます。

意識を変えることで、見える世界が変化します。諦めないこと。死ぬまで諦めない。もし、明日死ぬとしても、やると決めて一所懸命に過ごせば、今日が輝くのです。

目標は大きい方が輝きます。それだけエネルギーを出すようになるからですね。

「どうせ」「でも」という言葉や態度はなくして、やってみること。やってみないとわかりません。失敗するかもしれないし、しないかもしれない。継続すれば、できるようになることもいっぱいあります。

もっと勇気をもって、自信をもって、思いを強くすることが大事です。

❖見た目を変える

人は第一印象で判断します。見た目がその人の9割を決めると言われています。限られた時間でのお見合いや新しい人との出会いでは、その人の人柄・性格までを理解することはできません。よほど長い時間を過ごさないと性格までは分からないですから。長年連れ添った夫婦でも、自分と他人が違えば分からないことだって多いものです。

だったら、見た目がきれいな方がいいですよね。美しい、明るい、輝いている、元気、波動が高い。そういう存在になることも、刺激的な毎日を過ごすことになります。

おしゃれをすることは、人生を明るくします。そこにオリジナリティ、アイデンティティが加われば、あなたのものでしかなくなります。

不得意なことを直そうとしないで、得意なものを強くすることです。自分の持っていないもの、弱いものを気にするのではなくて、個性として活かせることを強くするのです。それがあなたの人生を生きることなのです。

女性は特に、明るい派手な格好した方がいいですよ。

以前、ＩＴの営業をしている女性がいて、機械の機能だとか、性能だとかを知らないから、営業がうまくいかない。それを勉強しようと話していた方がいました。私がその人に伝えたのは、「今から勉強しても専門家には追いつかない。それらはできる人に任せて、あなたはきれいにメイクして明るい服を着て、たくさんの会社を回りなさい」ということでした。

その女性が言われた通りにすると、たくさんの契約をとることができたのです。男性の営業だって、見た目がぱりっとした、積極的で、おしゃれな人が売れます。人は見た目が大事。第一印象で覚えてもらえなければ、舞台にも乗っていないと言えますよ。舞台に乗ってからが勝負ですから、舞台に乗るための努力はしましょう。

積極的な人は、服装もおしゃれです。体の管理や、仕事の仕方にも現れます。

男性が輝くよりも女性が輝いている方が、周りを明るくします。影響力があります。自分を輝かせるのに、おしゃれをして趣味を持つと人生が活き活きしてきます。

禅コラム◉其の六

日日是好日（にちにちこれこうじつ）

毎日を良い日にしましょう。朝起きて、新しい一日の始まりを感じることができていますか？

昨日のいざこざや、もやもやした気持ちをを残していませんか。すっきり目覚めましたか。今日の仕事を思い浮かべて、憂鬱になっていませんか。

朝起きて、カーテンを開けて太陽の光を浴びると、交感神経が刺激されて、しっかり、すっきり目覚めることができます。伸びをしたり、散歩をしたり、簡単な運動をすることも良いですね。

朝の目覚めは、昨日をしっかり終え、充分な睡眠をとることで生まれます。寝ている間に、頭も体もしっかり休めることができるためにも、一日を悔いなく生きて、穏やかな気持ちで眠りにつきましょう。

たくさんの悩みがあっても、たくさんため息をつけばいいのです。息を吐くことで、体や頭にある悩みの種が消えていきます。

ただし、ここで大事なことは、その悩みや苦しさに気づくこと。自分の感情を見つけることです。気づかないと息を吐くこともできません。ですから、誤魔化さずに自分の感情と向き合ってください。

嫌なことがあったと感じたら、その嫌だなという気持ちを味わいきる。そして、息に乗せて出す。出し切るのです。

ほら、もう空っぽになりましたね。また、目の前に気になることが出てきたら、同じように息に乗せて吐き出すのです。

その繰り返し。

自分がどう感じているのかを大事にしていくと、何に引っかかりやすいのかも見えてきます。

誰かのことが羨ましい、嫉み、嫉妬。子供の態度や義母の言った言葉が苛立ちを生む。お金がなくて、貧しく哀しい気分になる。なんだかうまくいかない、自分に自信がもてない……。たくさん出てくる。そうした気持ちをおざなりにせずに受け止めて、自分のことを大事にしてください。

自分もそうなりたいのなら、そこに向かうために何をすれば良いかを考え、そこに向かうための行動をしましょう。

誰かに傷ついているとしたら、そこに見返りを求めていないかを考え、無償の愛で向きあえば状況は変化します。

その積み重ねで、自分の軸が明確になると自信が持てます。

自分の足で立ち、歩む。その体は、あなただけのものです。気持ちや感覚を感じとれるのは、あなたしかいません。


自分のことを一番に大事に扱うのです。自分を大事にできれば、自ずと他人を大事にすることができます。

一日一日を、どのように過ごすのか。これは死ぬまでの課題です。いつか死ぬ。いつ死ぬかわからない。突然の別れが誰にでも起こります。その時に後悔しないためにも、24時間の毎日を、なにげない日々にするのではなくて全力投球する体でいること。やりきって、忘れる。


朝起きたら、新しい人生だ。毎日を本日開店の気持ちで過ごすことです。

そうすれば、今日は好い日。その積み重ねの人生が、日日是好日です。

Case ⑰

年を重ねることはいいこと?
―高齢化と介護―

《質問》

今後、ますます高齢化社会になっていくと親の介護や税金の問題など、悩ましいことばかりが待ち受けているように思います。また、自分自身の健康のことも心配になってきます。

《回答》

健康はつくれます。自分の体のことは、自分が一番わかっています。

病気や辛い時には、しっかり休むことです。

病気の時に健康をつくり、健康な時に病気をつくっている。病気で伏していると点滴をしたり、体に負担のかからないものを食べたりして健康に向かうことしかしませんよね。

健康で日々を過ごしていると、つい無理をしたり、我慢したりしますよね。それが健康を害すること、病気をつくっている行為なのです。

健康で過ごしている時に、どれだけ病気をつくらずに過ごせるか。それを意識できるかが自分の健康をつくることです。

病気になるかどうかは、紙一重です。

毎日、体と心を健康に保つのは自分の選択次第です。

親の介護は、自分を犠牲にしないで向きあいましょう。家族の誰かが病気になっているからと、家族全員が暗く、犠牲になることはありません。

施設に預けたって良いのですよ。その柔軟性をもつこと。自分の人生を誰かのために犠牲にしても、誰も喜びません。押しつけの優しさは誰のためにもなりません。

そして、お金の問題。最低限の生活をするためのお金はやはり必要です。死ぬまで仕事をできる体でいることが良いのではないでしょうか。

❖身の丈を知る

先日、ラジオの視聴者からの次のような質問がありました。

――この数年、イベントや交流会に参加する時には、最後の質問コーナーで質問をすることを自分に課しています。しかし、元々上がり性のため、質問コーナーが近づくだけで、緊張して心臓が高まり、頭が真っ白になってしまいます。勇気を出して質問しても、声が震えてしまって、言いたいことがうまく言えません。経験を積めば慣れるかと思っていましたが、全然慣れなくて困っています。――

少し緊張することも必要ですが、必要以上に緊張することはありません。緊張するということは、上手くみせようとか、身の丈以上にみせようとするからです。自然体でいきましょう。事前に質問事項をメモして書いておくと良いと思います。

生きていて人と関わっていると、こうした些細なことが悩みになるものです。「うまくやろう」「よく見せよう」と身の丈以上のことをやらないこと。かっこつけないことです。会社や家庭が赤字になるのも、かっこつけるからです。

身の丈を知っていれば、入ってきたお金以上に使うことはありません。赤字にならない、あたり前のことです。体裁をよく見せようと大きな事務所を借りたり、従業員にいい顔しようとしたりするから赤字になるのです。

「あたり前のことをあたり前にする」と分かっているけれど、なかなかできない時は坐禅しましょう。頭で考えないこと。その体質をつくるのが坐禅です。かっこつけると良いことはないですよ。身の丈を知り、周りの目を気にせず、自分が輝く毎日を送ることです。社会の流れを捉えることもできるし、心地よく活き活きと死ぬまで生きられます。

人間の伸びる三要素は

素直さ　明るさ　行動力

誰かからのアドバイスや指摘、聴いたこと知ったことを素直に実践する。言い訳をせずに、やってみようと思うのが素直さです。

いつでも暗い気持ちでいるのではなく、明るさをモットーに過ごしていると、事象の捉え方も変わります。暗い気持ちでいると、美味しいものも不味く感じます。明るい気持ちで反省すれば、やり方を考えられます。

行動力はそのままですね。行動が変化を起こします。行動しなければ、なにも変わりません。

自分の人生を生きましょう。

二度とない人生だから、今日も輝いていきましょう。

❖目標を具体的に立てる

「除夜の鐘のイメージ」

具体的に目標を立てるには、期限を設けることが大切です。

私がお勧めしているのは「除夜の鐘のイメージ」を持つこと。来年の除夜の鐘、つまり年末の時点で何を達成していたいかを紙に書くことです。

7つの項目ごとに、5つの方針を書く。全部で35個を具体的に書く。

◉７つの項目

・健康に対する方針
・家族に対する方針
・人脈（ネットワーク）に対する方針
・お金に対する方針
・仕事に対する方針
・スキルに対する方針
・趣味に対する方針

35項目を明確にすると、ぼーっとしないで生きられます。そうしたら、全部できちゃう。思った通りになりますよ。そのためにも、まずは書いて強く思う。

年末ではなく、年度末に設定しても良いと思います。手帳の最後に書くのが良いでしょう。

書きっぱなしにするのではなくて、しょっちゅう見る。潜在意識に刻む。書き足したり消したり。追加してみるのもいいでしょう。

（※巻末ページに「目標設定シート」が付録されています）

禅コラム◉其の七

全機現（ぜんきげん）

人間は活き活きと生きることができる。

60兆の細胞、すべての機能を活かすことがフルパワーを出すことになります。

明日のことを心配したり、過去を後悔するでもなく、「いま・ここ」に集中、目の前のことを一所懸命にやる。

普段自分が出している力よりも、4～5倍の力を発揮できます。

とても小さなことにも、集中してみることです。日常にあたり前にしている、料理づくりも全力で取り組む。命がけでつくれば、必ず美味しくできるのです。

人間の能力の差は2～3倍、思いの差は200～300倍です。いかに思うかが大切です。

ほとんどの人が、全機現していません。

「いま・ここ」しか、生きる場がないのに昨日を悔やんだり、明日を心配したりするのです。その時になって心配すれば良いのです。逃げずに受け止め、一つずつ解決するだけ。悩みのるつぼにはまらずに行動するだけです。


あなたに質問します。

目の前に10個のおまんじゅうがあるとします。あなたは、美味しいものから食べますか？　美味しいものを一番最後にとっておきますか？

私は迷わず、一番美味しいものから食べます。

次は9個の中で一番美味しいものを食べます。

そうして続けていくと最後の一個も一番美味しいものです。

迷ったり、行き詰まった時はとにもかくにもロングブレス、息を長く吐きること。

調身、調息、調心

体をきちんとする。大きな声を出す、姿勢を正す、ゆっくりと息を吐く。すると、心がついていく。順番を忘れない。

比べない
悩まない
前向きになる
愚痴をいわない
悪口を言わない

マイナス発言をすると、自分のエネルギーが下がります。マイナスのエネルギーを出すのではなくて、息を吐く訓練をすること。たくさんため息をすると、ため息の種がなくなるのです。

毎日リセットボタンを押す。オールクリアすることも良いですね。そろばんで言う、「ごわさん」です。

同じことを繰り返していては成長はありません。すべて活かし切るために、空っぽになることで万法に証せられるのです。

どんな悩みや壁も、こだわらなければ抜けられます。

「知っていること」と思わずに、謙虚になること。やっていないことは知らないことなのです。無になると周りから、どんどんとお知らせが入ってきます。

自然をみれば、個で生きているものはありません。すべてが助け合っているのです。自然の理に従い、宇宙のエネルギーを使っているのです。

万法の中には、仏の力、神の力もあります。それを受けとれるのは、宇宙の大きな法則に従うこと。自分を忘れることです。

笑顔でいる、一輪の花を飾る。皆のためにお茶を入れる。足元にある幸せに気づく体質になると、自分の細胞を活かしきることができます。

終章
禅を活かす

女性であることにこだわらない。

個として生きることが、これからの時代では大切です。

女性は感覚・感性が優れています。理性より、感性の方が直接的でいい。理性の部分は、ＡＩに任せることになっていくでしょう。

人間だからできることは感じること。感情があることが、人間が人間たるゆえんです。感情があるから悩みもする。それは、人間の性です。

感動なき国はほろびるでしょう。感動は感じて心が動くこと。

川べりを歩いて、夕陽を眺めることも感動に繋がります。

散歩をしながら、木々が色づくのを観て季節の移ろいを感じ、しみじみとすることもいいですね。自然の中にいると感じます。ＡＩにはそうした時間を持つことはできません。

今までは、特に男性は、理性ばかりを優勢にしてきました。

❖国際化と禅

禅の国日本と、世界の違いについても少しお話します。

「グローバルだ」「世界だ」というけれど日本から出たことがない方もいます。しかし、世界中の情報はたくさん入ってきます。文化の違い、言葉の違い、たくさんの価値観が流れ込んできます。

日本に住んでいる外国籍の方も、ずいぶん増えました。いやおうなく国際化がますます進むことになるでしょう。私は英語ができないから外国には行けないし、あまりコミュニケーションしたくない、と感じる方もいるかもしれません。でも国際化やインターナショナルは、語学ができることが大事ではありません。

日本文化を理解することが、国際化には大切な要素です。

お茶、着物、踊り、生け花などを知っていること。つまり、日本のメッセージをきちんと伝えることがグローバルへの道にとても大切なことなのです。

日本には日本の文化がある。周りに合わせることがインターナショナルではないと知ることです。

自分の国の考え、文化を明らかにすることの方が大切です。

海外へ行く時には、パーティには着物で参加できるように着付けを習う。ピアノができるならば、日本の曲を弾ける練習をしましょう。

自分のことがはっきり分かると、他人との差がはっきり分かります。

それが日本人としての、優位特性となり、誇りにもなるのです。

もし、他の国の方に、禅とは何かを説明するとしたら

- **息を調えること**
- **こだわらない体質づくり**
- **本質を見ることができるようになること**
- **茶道、武道、華道など、日本古来の文化の基本になっていること**

これらをしっかりと伝えることができるだけでも、国際化に向かう日本人としては充分です。

❖価値の時代

これからの時代は、価値をつくることが大事です。

人と同じものを売っていたら、比べられるのは値段しかありません。その人だけの、その商品だけの価値があれば必ず手に入れたい人も増えるでしょう。

自分の価値は自分でつくっていく。個性・アイデンティティを持っていることともいえます。自由にすればいい。こだわりをなくして、自分らしく生きることです。

キャラクターが大事ですから、印象づけることを意識しましょう。

服装も派手な色を着たって良い。メイクを丁寧にすることでも良し。ユーモアのある、ちょっとした小話を持っていることも、他にはない自分の色を出すことができます。人生はレアで生きましょう。十人十色ですからね。

仕事に限らず、人生にも自分の価値をつくっていけると、さらに輝きますね。

女性だからではなく、自分らしく生きる体質です。

今まで、悩みについていろいろな方法をお伝えしました。「困った時には、第三者に介入してもらうのも一つです」と前に述べました。占いでみてもらうのもいいと思うのです。

こだわらないことです。何を言われてもいい、やってみる、聴いてみる。何人に聴いたって良いのです。自分を信じて、いいものを選べば良いのです。大宇宙の法則に沿って生きていれば、その選択は間違っていません。

❖知識ではなく、知恵をつける

情報化社会、そしてスピードがどんどん速くなっていく中で、覚えて欲しいことは、知識を増やすことではなく知恵を得ることです。

知識は時代に合わなくなります。価値観が変わっていくこともあります。知恵というのは応用がききます。知識に汗をかいて知恵にする。行動して知恵を手に入れる。知恵はなくなりません。

知恵は死ぬまで人生を助けるものになり得るのです。

身を調え、息を調え、心が調うことで、惑わされない体質ができる。それは自然と共に、あるがままに生きる。何がきても大丈夫と思えること。「いま・ここ」に全力投球できるのは、自分を信じられるからです。知恵がつくと自信になります。

自然や宇宙の叡知と繋がることができるとは、大きなものに応援されること。「万法に証せられる」を実感することができます。すべてのものが味方となります。災害や天候に左右されない。大宇宙の法則に従うしかありません。あるがままを知ることです。

❖禅を活かす

「禅」とは、答えがない答えを出すことです。俗にいう禅問答です。禅は多答解です。頭でいくら考えても答えは出ません。腹で考えて行き着く境地です。

坐禅をして、ゆっくり、穏やかな気持ちで過ごす。

一息一息が一生の気持ちで息を吐く時間を持ってみてください。

そして目の前に起こることは全部、自分が選択していることを知る。

いまの自分は過去の決断の結果です。

あるとき「あー」と分かる。それが悟りであり、腑に落ちるとも言う。

だからこそ、もっと大きな目標を持ちましょう。「どうせ」「だって」「私なんて」と行動しないのは、自分からの逃げです。魂がくすんでいきます。

サンダルを履いて、犬の散歩をしながら、富士山に登る人はいません。決めていないことは、できないのです。富士山に登ると決めるから、いろんな準備をするのです。人生も、どこに行くと決めない限り、その準備ができません。

タイムフリー、スペースフリーの時代であるからこそ、大きな目標を具体的に持ちましょう。常に世界が相手です。インターネットで時間と空間が一つになります。いつでも世界と繋がっているのです。それは「個」として、繋がっているのです。あなたという人間が、どういう個性を持ち、魂を輝かせるかによって繋がる場所や人が変わります。

こだわらず、惑わず、自分の感覚を信じて生きていれば、必ずすべてのことが自分を助けてくれますよ。

最後に、私が一番に思うのはやはり、

女性には美しく、輝いて生きて欲しいということです。

女性が輝いている方が世の中を明るくします。

これからの明るい時代に、あなたの人生を輝かせるために「禅」が少しでもお役に立てば嬉しく思います。

❖ 坐禅のススメ

坐禅とは

坐禅は、お釈迦様が修行に精進され悟りを開かれたことに由来するものです。過去にとらわれず、未来を妄想せず、「いま・ここ」に集中する。瞬間瞬間を活き活きと鮮やかに生きる。そのような禅の教えは、宗教や哲学を超え、ZENとして世界に広まっています。

坐禅の効能

坐禅の呼吸法をマスターすることで脳内にセロトニンという成分が分泌されます。気分が晴れやかになり、ストレス解消が可能になります。記憶力も良くなり、それにより様々な体調面・精神面での効果が表れてきます。坐禅の効能は科学的にも立証されています。

坐禅の仕方

坐禅は決して難しいものではありません。坐禅会（経営禅研究会）の流れで坐禅の仕方をご紹介します。

①受付
まずは会場に入って受付。いよいよこれから坐禅会が始まります。

②着替え
アクセサリーなどを外し、ゆったりした服装になり準備完了です。

③会場の入り方
御堂までは合掌で進みます。仏様にお尻を向けないように壁側の足から入りましょう。

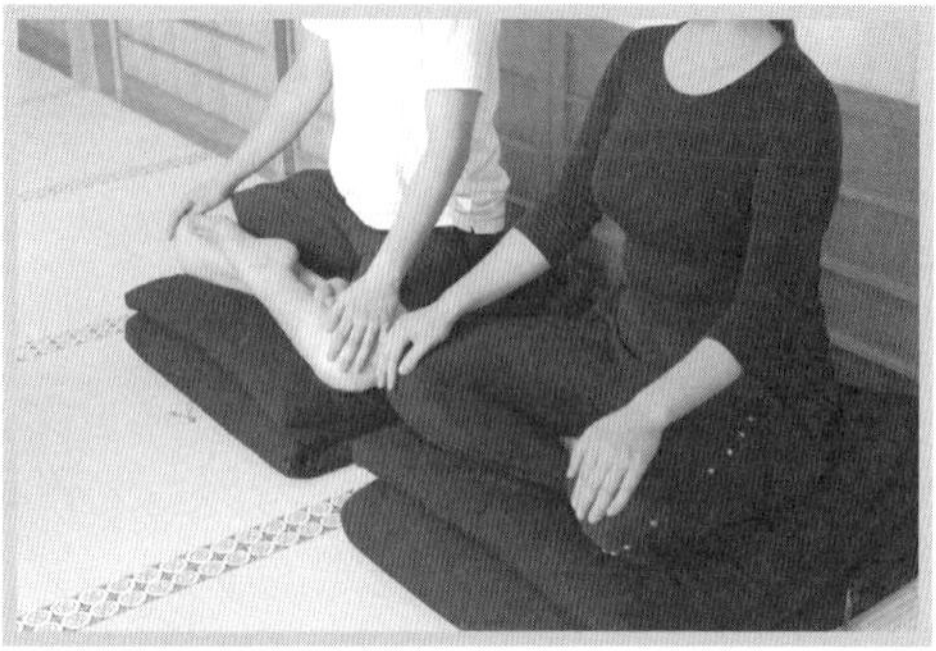

④足の組み方
基本は両足が両ももに乗っている状態です。関節が固い人は無理をせず片足だけで下半身を安定させます。

⑤坐り方
頭のてっぺんからお尻まで体の中心に真っ直ぐな一本の軸が通っているイメージで体を真っ直ぐに伸ばします。仙骨から体を左右に大きく揺らし、徐々に小さくして、体の中心を調えます。

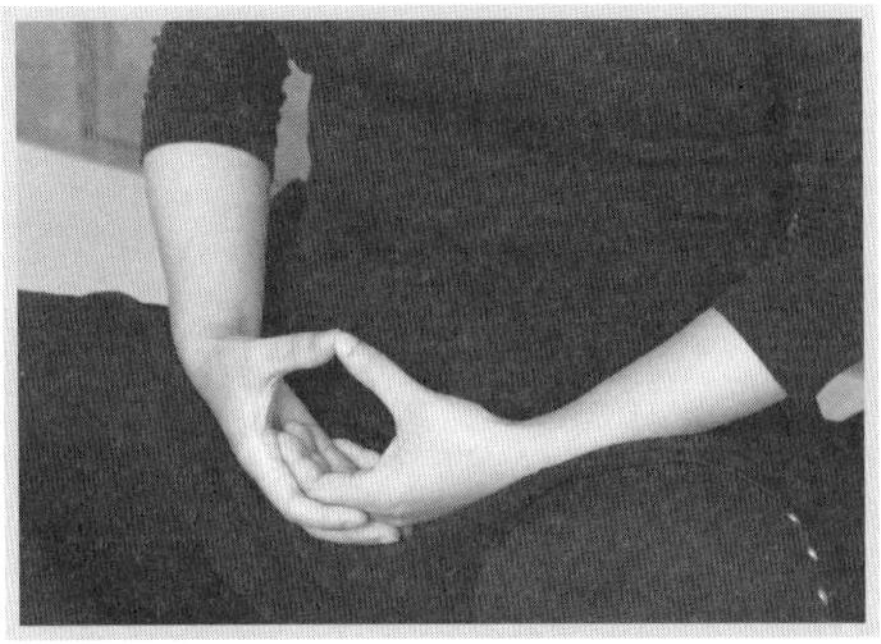

⑥手の組み方

【法界定印】

右手が下。左手が上。第2関節を合わせます。両手の親指を軽く合わせて、卵形の輪をつくります。おへその下（丹田）に軽く添えます。

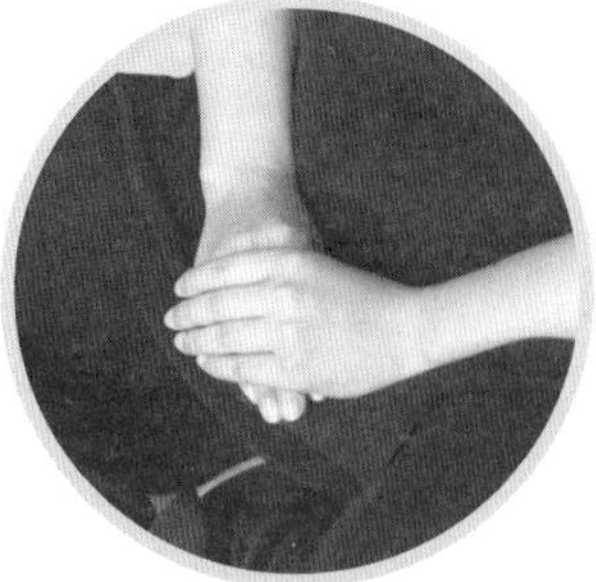

【白隠流】

左手で右手を軽く握ります。左手の親指を右手の人差し指以下４本と親指ではさむようなイメージです。

⑦講話

禅の教えを実践に活かす方法を講話します。

⑧坐禅

いよいよ坐禅の開始です。坐禅の開始時と終了時には合掌します。（30 分 × 2回の坐禅）背筋を真っ直ぐに、できるだけゆっくりと丹田を意識して息を吐きましょう。初めての方は念をつがないよう、吐く息の数を数えることをお勧めします。

⑨警策

警策は罰ではなく励ましです。集中できない時、眠気に襲われた時、邪念がある時など、自らが希望して受けることができます。

⑩茶礼
2回の坐禅を終えたら茶礼となります。一つのヤカンのお茶を皆で分け合って飲むもので、和合の意味合いを持ちます。和尚にあわせて全員心一つに調えてお茶をいただきます。

⑪後片付け
後始末は禅で大切な作法の一つです。自分が坐った坐蒲をしっかり片付けます。

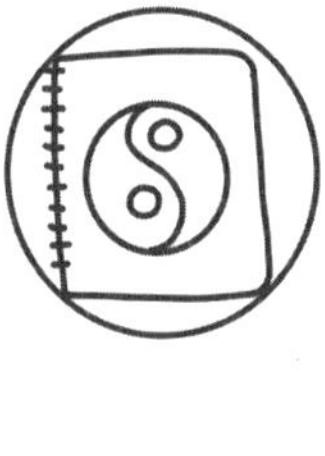

■著者プロフィール

飯塚 保人（いいづか・やすんど）

ＩＳＫ経営塾塾頭 / 経営コンサルタント
ゼントレプレナー（Zentrepreneur）
学生時代に会社を設立し、大手企業のシステム開発、ＯＡ機器販売を手がける。取引先より経営相談を頻繁に受けたことをきっかけに、企業・経営者の育成を目的としたアイエスケー・コンサルティング株式会社を設立し、「ＩＳＫ経営塾」を主宰。
以来、通算110期を超える経営塾で、塾頭として経営トップ及び経営幹部の指導を行い、卒業生はおよそ3,000人を越える。
経営コンサルタントのベースを禅から修得したため、禅に対する造詣が深く、経営の悩み・苦しみ・楽しみ・喜びなど経営者の気持ちが解る指導者として評価が高い。経営の基本、原理・原則を踏まえた上での、時流を的確に捉える指導法で企業の経営改革に数々の実績を上げている。顧問先はいずれも史上最高の決算を出しており、“勝ち続ける経営”を指導する第一人者として活躍中。
著書に『日めくり 人生をひらく絶対積極』(JDC)、『1分間経営術』(致知出版社)、『社長の着眼』（ＪＤＣ）、『できるビジネスマンはここが違う』（現代書林）、『今すぐはじめたい50の原則』（現代書林）、『会社を伸ばし人を育てる愚直経営』(リヨン社)、『経営キーワード集』『To Do List』（ＩＳＫ）などがある。メールマガジン“[ワンマネ]1分間実践経営”を毎日、“社長の着眼”を隔週で配信しており、30,000人以上の愛読者を抱える。
・東京青年会議所シニア会員
・東京紀尾井町ロータリークラブ会長（2004～2005年）
・経営禅研究会主宰

あとがき

禅のある生活のすすめ

私のオフィスでは、月に一回早朝坐禅会を開いています。そこに来る人々はいろいろな機縁を経て集まった人たちですが、皆、黙々と禅に打ち込みます。

初めて参加した人は「年配の人ばかりかと思ったら、意外に若い人や女性も多くて驚きました」と言ったり、「清冽な雰囲気が漂っていますね」「禅によって、頭が軽くなり、素晴らしい一日を迎えられそうです」と述べています。

このように、禅には先入観で作られたイメージがありますが、何よりも重要なことは、自分で体験してみることです。

この素晴らしい禅の世界を知っていただくために、本書は生まれました。

今回は女性の悩みを中心に書きましたが、日々の生活の中でもっといろいろな面であなたの課題を解決していけると思います。

本書を発行した平成出版の編集者、金崎敬江さん、長年の知遇である野口哲英氏、題字を書いていただいた歌う書道家の内村明日香さん、そして弊社のスタッフの諸兄、多くの方々の協力を得て、本書は成立しました。また、帯で推薦文を書いていただいた高橋ゆきさんは、仕事と家庭を両立して活躍し、私も尊敬する方です。

今後とも、読者の皆さんがより「自分らしく」生きていける一助となるために、この「禅」のシリーズをお読みいただければ、著者として嬉しく存じます。

令和二年三月吉日

ＩＳＫ経営塾塾頭／経営コンサルタント
ゼントレプレナー（Zentrepreneur）
飯塚　保人

仕事に対する方針 ① ② ③ ④ ⑤
スキルに対する方針 ① ② ③ ④ ⑤
趣味に対する方針 ① ② ③ ④ ⑤

具体的に目標を立てるには、期限を設けることが大切です。いつまでに何を達成していたいかを紙に書き、目標を達成させましょう。

目標設定シート

７つの項目ごとに５つの方針を立てる。
全部で 35 個の具体的目標を書く。

健康に対する方針
① ② ③ ④ ⑤
家族に対する方針
① ② ③ ④ ⑤
人脈（ネットワーク）に対する方針
① ② ③ ④ ⑤
お金に対する方針
① ② ③ ④ ⑤

平成出版 について

本書を発行した平成出版は、基本的な出版ポリシーとして、自分の主張を知ってもらいたい人々、世の中の新しい動きに注目する人々、起業家や新ジャンルに挑戦する経営者、専門家、クリエイターの皆さまの味方でありたいと願っています。
代表・須田早は、あらゆる出版に関する職務（編集、営業、広告、総務、財務、印刷管理、経営、ライター、フリー編集者、カメラマン、プロデューサーなど）を 経験してきました。そして、従来の出版の殻を打ち破ることが、未来の日本の繁栄 につながると信じています。
志のある人を、広く世の中に知らしめるように、商業出版として新しい出版方式を実践しつつ「読者が求める本」を提供していきます。出版について、知りたい事やわからない事がありましたら、お気軽にメールをお寄せください。

book@syuppan.jp 平成出版 編集部一同

ISBN978-4-434-27382-7

禅 happiness ～家で始める心の健康～

令和２年（2020）５月 ６日 第１刷発行
６月 21 日 第２刷発行

著　者　**飯塚　保人**（いいづか・やすんど）

発行人　須 田 早

発　行　**平成出版** 株式会社

〒 104-0061 東京都中央区銀座 7 丁目 13 番 5 号
ＮＲＥＧ銀座ビル１階
経営サポート部／東京都港区赤坂８丁目
TEL 03-3408-8300　FAX 03-3746-1588
平成出版ホームページ https://syuppan.jp
メール : book@syuppan.jp

発　売　株式会社 星雲社（共同出版社・流通責任出版社）
〒 112-0005 東京都文京区水道 1-3-30
TEL 03-3868-3275　FAX 03-3868-6588

タイトル書／歌う書道家　内村明日香
編集協力／荻須宏起、安田京祐、大井恵次
取材・原稿協力／金崎敬江、松本亜由美（オフィスエム）
制作協力・本文 DTP ／ P デザイン・オフィス
印刷／ (株) ウイル・コーポレーション